启真馆 出品

中国近代城市文化的动态发展

人文空间的新视野

苏基朗 主编

浙江大学出版社
ZHEJIANG UNIVERSITY PRESS

图书在版编目（CIP）数据

中国近代城市文化的动态发展：人文空间的新视野/苏基朗主编．—杭州：浙江大学出版社，2012.3
ISBN 978-7-308-09710-9

Ⅰ．①中…　Ⅱ．①苏…　Ⅲ．①城市文化-研究-中国-近代　Ⅳ．①C912.81

中国版本图书馆 CIP 数据核字（2012）第 034044 号

中国近代城市文化的动态发展：人文空间的新视野
苏基朗　主编

责任编辑　赵　琼
装帧设计　王小阳
出版发行　浙江大学出版社
（杭州天目山路 148 号　邮政编码 310007）
（网址：http://www.zjupress.com）
排　　版　北京京鲁创业科贸有限公司
印　　刷　北京中科印刷有限公司
开　　本　635mm×965mm　1/16
印　　张　13.75
字　　数　155 千
版 印 次　2012 年 4 月第 1 版　2012 年 4 月第 1 次印刷
书　　号　ISBN 978-7-308-09710-9
定　　价　38.00 元

浙江大学出版社发行部邮购电话（0571）88925591

前　言

2010年9月18日至20日，香港中文大学历史系主办，牛津大学中国研究中心、蒋经国基金会亚太汉学研究中心、太空地球信息科学研究所及东亚研究中心等四单位合办，在香港中文大学召开了“民国时期中国城市文化变迁（1910至1940年代）：文化论述研究与历史地理信息系统研究的对话国际研讨会”。[①] 本书结集了一批与会专家的研究成果，探讨中国近代城市文化的人文空间及其动态发展。我们讨论的范围主要是20世纪前半的一些课题。历代中国城市自有其文化传统，至近代西风东渐，中国城市文化风貌，随之发生剧变。由于近代西方文化以都市为摇篮，推动中国近代发展的西方影响，自以其势力最强的条约港都市为中心，再向其周边辐射扩散。晚近中国在国际上迅速崛起，百年来学界认为中国难以发展现代经济的

① 编者作为研讨会的统筹人，在此感谢主办及各合办单位在经费及人力上的大力支持，尤其是蒋经国基金会的赞助。这些支持确保了会议的成功。

议题，遽成明日黄花。因此，今天我们讨论近代中国城市文化的生成及内蕴，重温中国一个世纪以来的历程，大可以不必故步自封于传统与现代互相矛盾对立的革命论述。一套既能从中国经验出发说明近代中国的发展，又能对全球各社会都有重大启示的新近代中国史典范，或许正在慢慢生成之中。我们这本论文集，希望为这个伟大的过程，作出一点卑微的建设。

百年来有关近代中国城市的研究可谓累积深厚，汗牛充栋。从最近二十多年的部分研究成果观察，或许可以归纳出三个主要的方向。这些方向内的研究议题也有很大的异质性，不可谓属于同一的范式，同时这三个方向亦彼此息息相关，不能独立分割，所以这里谈三个方向，只能是粗略的分类，借以提供一个概括的学术景观。三个方向姑且名之为城市化、市场化以及西风化。这里举出这些方向来，目的不是讨论其优劣和建树，而是提纲挈领地勾勒出目前的情况，为下文解释本论文集的组织框架作背景之用。

首先是城市化的研究方向。城市是西方近代文化发展的基盘，这点马克斯·韦伯（Max Weber）以来讨论甚多而毋庸赘述。[①] 在中国，有别于历史都市的近代城市主要还是在西方列强及其文化冲击底下出现的产物。因此所谓中国近代城市的前置词“近代”（modern）并不仅仅是一个时间概念。它代表的是具近代性（modernity）[②] 的城市，或具有近代表征的城市。这些近代表征应该包括些什么内容，似乎研究者的范式而转

---

① 最经典及影响深远的论述仍是韦伯。见 Max Weber, ed. By Guenther Roth and Claus Wittich, *Economyand Society*（Berkeley and Los Angeles: University of California Press, 1968）.

② “Modern China”（近代中国）一词在中国历史学界多用以概括鸦片战争至新中国建立，以别于新中国成立以来的所谓现/当代中国（contemporary China）。但“modern”一词也可具有“现代化”或“近代化”（modernization）的内涵。为行文方便起见，本引言统一使用近代性一词，即谈近代性时，用意与现代性无异。

移，或展示西式城市规划，或采用建国（nation - building）理论，或论述城市政治，包括工运、示威、市政、利益团体、城市居民政治意识及参与等。[①] 这类研究实质上均在探讨近代中国城市的政治近代化（political modernization）进程或其失败。所以是中国近代城市政治史。

其次是市场化。[②] 各种市场现象在大部分的文明都早就出现，[③] 但谈 19 至 20 世纪以后的市场化则基本上是个资本主义市场模式的问题。而西方资本主义的兴起又催生于工业革命过程中新科技的大规模生产应用上，做成以大规模商品生产以及大规模融资为基础而集中在城市的工业化现象。中国近代城市议题因此也可以是一个经济议题。过去二十年学界在这方面的讨论，渐渐超越了早期认为中国传统文化（社会）与近代资本

① 这类著作例如 Jeffrey N. Wasserstrom and Elizabeth J. Perry eds. , *Popular Protest and Political Culture in Modern China* (Boulder: Westview Press, 1994)；裴宜理著，刘平译《上海罢工：中国工人政治研究》（南京：江苏人民出版社，2001）；David Strand, *Rickshaw Beijing: City People and Politics in the 1920s* (Berkeley: University of California Press, 1989)；Joseph W. Esherick ed. , *Remaking the Chinese City: Modernity and National Identity*, 1900 - 1950 (Honolulu: University of Hawaii Press, 2000)；Kristin Stapleton, *Civilizing Chengdu: Chinese Urban Reform*, 1895 - 1937 (Cambridge, Mass. : HCCCaarvard University Asia Center, 2000)；张仲礼、熊月之、沈祖炜主编《长江沿江城市与中国近代化》（上海：上海人民出版社，2002）；Elizabeth J. Perry, *Challenging the Mandate of Heaven: Social Protest and State Power in China* (Armonk, NY: M. E. Sharpe, 2002)；Merle Goldman and Elizabeth J. Perry eds. , *Changing Meanings of Citizenship in Modern China* (Cambridge, Mass. : Harvard University Press, 2002)；Di Wang, *Street Culture in Chengdu: Public Space, Urban Commoners, and Local Politics*, 1870 - 1930 (Stanford: Stanford University Press, 2003)，等等。

② 20 世纪 80 年代以前的有关范式最代表性的一般论述见 John King Fairbank, *China: A New History* (Cambridge, Mass. : Belknap Press of Harvard University Press, 2006)；黄仁宇《资本主义与二十一世纪》（北京：九州出版社，2007）。这些论述的一个关键课题就是由一系列不平等条约衍生出来的一个条约港体系所代表的新中国城市现象。代表性的著作有 Rhoads Murphey, *Shanghai, Key to Modern China* (Cambridge, Mass. : Harvard University Press, 1953) and "The Treaty Ports and China's Modernization." In Mark Elvin and G. William Skinner eds. , *The Chinese City between Two Worlds* (Stanford, Calif. : Stanford University Press, 1974), pp. 17 - 72.

③ Karl Polanyi, *Great Transformation: The Political & Economic Origins of Our Time*Boston, MA: Beacon Press, 2001).

主义经济互不兼容的范式，进而探究具体的企业文化与运作，中外企业的互动，各别新兴工商经济部门的发展，相关的法律框架及商业文化，都市生活的物质文化及消费文化等。[①] 这类研究的主旨在说明中国城市的经济近代性（economic modernity）。所以是城市经济史。

最后一类是西风化研究。西风化就是西化，或欧化。同时西化也代表了新文化及近代文化。这是讨论城市居民一种新文化的出现，而新文化的内容亦基本上是一种欧美文化风尚的传入及模仿，受西化熏陶的不限于城市的新兴经济、学术、宗教及各种专业精英，也包括了广大的市民大众，也涉及了城市的各种阶层的生活及心态。[②] 在20世纪前半，这种情况在西化影响最深的条约港如上海、天津等城市，是有目共睹的。对生活及精神上的文化现象从各种文化理论（如后殖民主义或女性主义等）重新加以论述，正是西方学术界后现代主义催生的新文

---

① 相关著作如 Sherman Cochran ed., *Inventing Nanjing Road: Commercial Culture in Shanghai*, 1900 - 1945 (Ithaca, NY: East Asia Program, Cornell University, 1999)；高家龙（Sherman Cochran）著，程麟荪译《大公司与关系网：中国境内的西方、日本和华商大企业（1880 - 1937）》（上海：上海社会科学院出版社，2002）；张仲礼、熊月之、沈祖炜主编《中国近代城市发展与社会经济》（上海：上海社会科学院出版社，1999）；刘翠溶、石守谦主编《经济史，都市文化与物质文化》（台北："中央研究院"历史语言研究所，2002）；Sherman Cochran, *Chinese Medicine Men: Consumer Culture in China and Southeast Asia* (Cambridge, Mass.: Harvard University Press, 2006)；叶文心著，王琴、刘润堂译《上海繁华：都会经济伦理与近代中国》（台北：时报文化出版企业股份有限公司，2010）；Billy K. L. So and Ramon H. Myers eds., *Treaty Port Economy in Modern China: Empirical Studies of Institutional Change and Economic Performance* (Berkeley: Institute of East Asian Studies, University of California at Berkeley, 2011)，等等。

② 重要的著作如李欧梵著，毛尖译《上海摩登：一种新都市文化在中国，1930 - 1945》（香港：牛津大学出版社，2000）；Madeleine Yue Dong and Joshua L. Goldstein eds., *Everyday Modernity in China* (Seattle: University of Washington Press, 2006)；熊月之《异质文化交织下的上海都市生活》（上海：上海辞书出版社，2008）；Frank Dikötter, *Things Modern: Material Culture and Everyday Life in China* (London: C. Hurst & Co., 2007)；姜进主编《都市文化中的现代中国》（上海：华东师范大学出版社，2007）；姜进、李德英主编《近代中国城市与大众文化》（北京：新星出版社，2008）。

化史的工作重点之一。相关的研究或许不必风从后现代的范式，但在新文化史的潮流下，对近代中国城市的西化时尚日益关注，亦是可以理解之事。此中亦包括讨论对中国都市及市民如何以传统新诠来回应西方文化的霸权话语。[①] 此类研究的方向在建构中国近代城市的西风文化，或其逆向发展。所以是城市新文化史或新社会史。

我们这本论文集的组织框架，是在上面概述的三类中国近代城市史基础上，变化而成的。我们讨论中国近代城市文化，希望从四个人文空间的动态发展出发，交织成城市文化的另一个侧面，另一个故事。这四个空间即媒体的空间、心身空间、法律空间和景观空间。它们所收的各篇论文，都是从前述的三个方向发展出来的研究成果，可谓各有所本。但本书尝试以四个空间作为框架，赋予各篇以至全体文章一个新的方向，是为城市的空间史。全书据四个空间分作四编。

第一编重点在媒体的空间。梁元生分析《良友》画报 20 世纪初由一群从岭南来的“文化买办”创刊，以一本广东文化和基督教义交织的杂志，一纸风行于十里洋场的上海，映照着 20 世纪上半叶中国社会文化的变迁，特别是知识系统与风俗时尚的转移，以及新一代城市知识分子和中产阶层对于传统文化和现代生活的权衡与选择。他以《良友》画报有关的几个群体作为探索的对象，包括《良友》画报的出版商人及经营者、《良友》画报的编辑和作者群，以及阅读《良友》画报的读者等。都是居住于城市及追求现代化价值和生活时尚的中产阶级和知识分子。作为上海时尚先锋的《良友》，战后移植香港却因为失去创新的活力，难逃因循没落的厄运。林美莉从《图画

① Madeleine Yue Dong，*Republican Beijing*：*The City and Its Histories*（Berkeley：University of California Press，2003）.

日报》及《上海指南》观察近代上海地标建立与转变，对个中华洋对比与新旧交错的陈述情节均有深刻的论析，这些转变同时刻划了华界维新趋势与商权利基的拓宽的轨迹。侯杰及李净昉则从《大公报》所载有关1917年水灾的赈济报道，探讨近代报纸媒体在赈济过程中所发挥的历史作用，以及媒体在城市治理和公共空间建构等方面所扮演的新角色，包括建立灾情报道系统，形塑舆论监督空间，并且携手民间组织共济时艰。概而言之，媒体空间的成员无疑来自印刷者及其城居读者群，空间的内部则由纸本印刷品及其知识与感性内容文字纽带所凝聚，其关键则在沟通（communication）。近代中国城市的媒体虽曾因为它的特殊文字空间而发挥过甚为广泛的影响力，但媒体空间同时亦具有极大的流动性，不稳定性及空间延伸的限制。本编的三篇文章可谓从不同的角度以及个案，说明了媒体空间的重要、局限及无常。

第二编重点在城市人心灵与身体的空间。李孝聪从空间入手叙述民国时期北京城市宗教信仰。民国时期北京不同政府机关及社会与学术团体，曾对当时的庙宇前后进行过各种调查或登记。这批材料现在仍有不少收藏在北京的图书馆及档案馆内。但在使用它们的数据前必须充分了解它们的背景及内容，始能避免理解上的偏差。李孝聪对这批材料作出了扼要而周全的题解。在这个数据解读基础之上，他又对数据所展示的城市宗教信仰空间，进一步加以分析，包括各区寺庙的数目分布，建筑物布局的轴向，以及北京城市庙宇的地域结构特征等。张佩瑶等从历史GIS角度，观察民国北京中西医服务与城市交通的关系。作者解释了所使用的数据来源和处理方法，并且尝试应用GIS的空间分析方法（Spatial Analysis）如两步移动搜寻法（two step floating catchment area），来评估空间的可达性数值

(spatial accessibility score)。此外，也使用了缓冲区分析(catchment area analysis)来比较中西医疗服务与各级道路间的关系。蔡颖等则讨论抗战前后中国人口密度的分布和变化。作者同样先解释研究背景与数据源，然后通过统计手段，分析战前人口分布及1936年至1946年的人口变化，与自然因素及人文因素的相关系数。他们的统计分析说明，人口密度的空间变化主要是自然环境因素决定的。海拔高、坡度大的地区耕地少，人口密度低，同时对人类农业生产有利的气候，即气温高、多降雨的地区人口密度较高。另外离中心城市的距离对人口密度也有明显影响。概而言之，宗教、医疗以及人口均为研究近代中国城市的主要课题，但由于各属独立的专业领域，以往较少放在一起作有机的观察。实质三者均立足于个人的身与心，可以展示中国社会在新的城市文化创造过程中，自有其独特的信仰行为，就医选择，以及聚落格局；然而本编各文也展示了三者皆可以从理性的角度，加以表述及理解。

第三编则展示近代城市文化中举足轻重的法律空间。孙慧敏利用空间信息重建了上海律师业的扩张图像，从中看到清末以外籍人士为主的上海律师业以英、法领事馆为中心，然后开始扩张、蔓延，民国以来中国律师慢慢登场，律师群聚形态有强烈的延续性但亦有所转变，随着中国律师业的扩张，行业的空间分布同时发生更大的变迁，到20世纪30年代中期可以见到中国律师跻身南京路的新潮。吴海杰则分析北京都市法律文化的空间结构，包括北京警察角色的传统与革新，以及北京律师行业布局的扩张与蔓延，总结了当地法律文化在社会急剧变迁及中西糅合的过程中，如何通过制度、传统和市场来消化舶来的近代法律体系。虞秀凌则从20世纪初香港的公共卫生与建筑法例，讨论殖民地公共卫生与公共权力的互动，她特别关注殖民政府官员的“卫生综合征”及其对立法的影响，通过对《公共卫生和建筑条例》的法律和社会分析，考察了公共卫生法律与私有产权之间的互动及张力。概而言之，法律空间在近代西方的政经体系无疑举足轻重，因此在近代城市文化里，亦自然扮演重要的角色。对近代中国城市而言，新式法律的建构是值得关注的面相。相对于学术文化及政治，城市的法律研究暂时仍较为薄弱。这里的三篇文章涉及上海、北京和香港三个最近代化的中国城市，观察它们不同的法律文化景象，对思考传统、近代以及市场三者之间的张力和融合，亦可以带来不少启示。

最后的第四编涉及都市景观的空间。陈蕴茜则以南京为个案，展现城市住宅、社会分层与空间转型，她由政府的《首都计划》切入讨论南京住宅建设的规划，分析新建高等住宅的空间分布，亦探讨了政府在下层住宅方面的建设，这些城市设计上的发展，反映了国家权力在近代国家形象的塑造，威权的建立，以及城市管治等层面的主导性。程美宝则从民间动力着手，重构了清末至民国年间广州城西墙以外的西关地区社会生活景观的变迁。19 世纪此地仍半为水塘所覆盖，因有半塘西关之称，但同时亦多赞拜神佛之所以及园林清幽之胜。此地商业十分繁荣，先有十三公行，后来英法租界的沙面商业区即在西关南端开发出来。20 世纪初西关生意日益兴隆，吃喝玩乐，妓馆戏院亦随之散布西关各处；富室比邻林立，房产楼市高企，成为广州新兴的西关豪宅区。与此相伴而来的，便是众多民间社团的结成及其活动，社会西关乃反映了近代中国城市的新兴社会民间力量。概而言之，本篇由南京至西关，由政府规划至民间社会自然演化，由政治主导至市场力量，由这两篇文章看出近代中国都市景观空间结构变迁的五花八门，并没有单一的规律，但亦非无迹可寻。

本书从四个空间探讨中国近代城市文化的空间史。总体上说，各篇章带来的信息是中国近代城市在理型、权力及市场的互动之下变化成长，既非全盘移植西方近代城市，亦非无序乱放。可以说这些城市文化发展的轨迹，自有其受本土文化左右的理性贯通其中。媒体及法律空间早已成为近代中国都市生活不可缺少的一部分。心灵、健康及人口同时属于城市文化的重要议题。都市景观及其生成则是研究城市史的流行课题。将四个空间放在一起加以观察，是一个新尝试。若单从学科分际出发，这四类研究甚少结合在一起。但今天的学术风气已不再强调狭隘而封闭的专门之学，反而越来越重视跨学科的知识综合与统整。如何能有效地将不同领域的观察，归纳到有系统的框架内，让读者产生更充分的领会，足资借鉴的成功例子不多。空间史作为一个包容性的框架，或许是出路之一。

苏基朗

2011 年 11 月

作者简介

王法辉　路易斯安那州立大学地理与人类学系教授，中国文化与商业中心主任。研究领域包括人文（城市、交通、经济、文化）地理、城市与区域规划、公共政策（犯罪、健康卫生）。先后主持和参与美国科学基金会、联邦司法部、联邦卫生部（包括 NIH）、联邦住宅与城市建设部、联邦能源部、中国国家自然科学基金海外与港澳学者合作研究基金资助科研项目多项。主编“GIS and Crime Analysis”2005 年由 IDEA 出版社出版，专著 *Quantitative Methods and Applications in GIS*，2006 年由 CRC（Taylor & Francis）出版社出版，中文版《基于 GIS 的计量方法与应用》2009 年由商务印书馆出版。

孙慧敏　“中央研究院”近代史研究所助理研究员，研究范围包括近代中国社会文化史、法律史与教育史。出版有《租界の惯习と日本の制度——民国期上海における中国律师业の2つの起源》、《“房客联合会”与 1920 年代上海的房屋减租运动》等。

苏基朗　香港科技大学人文学部讲座教授及学部主任。历任香港中文大学历史系讲座教授、教务长及协理副校长。研究范围包括中国法律文化史、中国制度经济史、中国历史地理、唐宋史等。主要著作有 *Prosperity, Region, and Institutions in Maritime China: The South Fukien Pattern, 946 - 1368* [2000；中译《刺桐梦华录：近世前期闽南的市场经济（946—1368）》，2012]、*Treaty-port Economy in Modern China: Empirical Studies of Institutional Change and Economic Performance* (co-edited with Ramon H. Myers, 2011) 等。

李孝聪 北京大学历史系教授、博导，北京大学历史地理与古地图研究中心主任。研究领域包括中国历史地理、区域与城市历史地理、中国古地图、河渠水利、地方志与地理文献研究。出版有《美国国会图书馆藏中文古地图叙录》(中、英文，2004)、《中国区域历史地理》(2004)、《历史城市地理》(2007) 等。

李净昉 香港中文大学历史系博士、研究助理。研究范围包括中国近代社会文化史、宗教史、妇女/性别研究等。代表论文有《公共空间的性别构建——以20世纪20年代天津〈女星〉为中心的探讨》、《天后信仰与地方社会秩序的建构——以天津皇会为中心的考察》、《刘王立明与近代中国妇女节制运动》等。

吴海杰 历史学博士，香港中文大学东亚研究中心客席副教授。研究范围包括近代中国法律文化史、都市发展史、商业史等。研究论文刊载于 *International Journal of Asian Studies*, *Journal of Comparative Law* 和《法制史研究》等期刊。

张佩瑶 香港中文大学太空与地球信息科学研究所副研究员。研究范围包括空间数据分析、历史 GIS、空间综合人文学与社会科学等。著作有《空间分析在民国北京医疗文化中的应用》（与苏基朗、林珲及刘彪合著），收林珲、赖进贵及周成虎合编《空间综合人文学与社会科学研究》（2010），以及“AnExploratory Spatial Analysis of Western Medical Services in Republican Beijing”（co-authored with Billy K. L. So，David W. Wong，and Lin Hui）；“Addressing quality issues of historical GIS data：An example of Republican Beijing”（co – authored with David W. Wong，Billy K. L. So）；Annals of GIS，等等。

陈蕴茜 南京大学中华民国史研究中心教授，南京大学人文社会科学高级研究院兼职教授。历任南京大学历史系讲师、副教授、教授，美国哈佛大学燕京学社访问学者、匹兹堡大学短期访问学者。研究范围包括中国近现代社会文化史、城市空间、性别研究等。主要著述有《崇拜与记忆——孙中山符号的建构与传播》（专著）、《纪念空间与辛亥革命百年记忆》（第一作者，合著）、《日常生活中殖民主义与民族主义的冲突——以中国近代公园为中心的考察》（论文）、《山歌如火：〈刘三姐〉的性别意识与阶级抗争》（论文）等。

林美莉 “中央研究院”近代史研究所副研究员。研究领域主要为中国近现代经济史，尤以财政决策的变迁为核心议题。著有《抗战时期的货币战争》及《西洋税制在近代中国的发展》，合编《从城市看中国的现代性》论文集，发表学术论文二十余篇。

林　珲 香港中文大学地理资源管理学系教授和太空与地球信息科学研究所所长。研究范围包括遥感与地理信息系统及其在城市与历史等方面的应用。主要著作有 *Virtual Geographic Environments*（2011；中文版《虚拟地理环境》，2001）、《空间综合人文学与社会科学研究》（2010）等。

侯杨方 复旦大学中国历史地理研究所教授，研究专长为历史地理、历史人口与地理信息系统。主要论著有《中国人口史》（1910－1953年卷）、《盛世启示录》、《中国人口地理信息系统》等。

侯　杰　南开大学历史系教授、博士生导师兼中国近代史教研室主任。天津孙中山研究会和口述史学会副会长、香港中文大学崇基学院宗教与中国社会研究中心学术委员、台湾世新大学舍我纪念馆协同研究员、台湾《传播研究与实践》学界编辑顾问。研究范围涉及社会史、性别史、城市史、报刊史、宗教史等领域。主要著作有《〈大公报〉与近代中国社会》、《〈大公报〉历史人物》、《世俗与神圣：中国民众宗教意识》等。

梁元生　香港中文大学历史学讲座教授暨崇基学院院长。兼任中国文化研究所当代中国文化研究中心主任及人文学科研究所比较城市文化研究中心主任。研究范围包括中国近代史、近代华侨史、近代中国基督教史等。主要著作有 *The Shanghai Taotai: Linkage Man in a Changing Society, 1843－90*（1990；中译《上海道台研究》）、《边沿与之间》、《晚清上海》、《新加坡华人社会史论》等。

程美宝　中山大学历史系教授、历史人类学研究中心研究员。主要研究领域为18世纪以来华南地区社会文化史。主要论著有《地域文化与国家认同：晚清以来"广东文化"观的形成》，并在《历史研究》、《近代史研究》、《史林》、*Journal of Modern Chinese History*、*Frontiers of History in China* 等发表中、英、日论文多篇。

虞秀凌　伦敦大学亚非学院博士学位侯选人，研究领域主要为法律移植与法律文化、殖民管治与法律控制、香港公共卫生法律史等。主要著作有"State－regulated Vice'versus Voluntary Co-operation: Venereal Disease Control in Colonial Hong Kong,

1857 - 1935", *Journal of Comparative Law*, 等等。

蔡　颖　首都师范大学资源环境与旅游学院三维信息获取与应用教育部重点实验室研究助理，研究方向为遥感与地理信息系统。会议论文有"GIS - based Spatial Analysis of Population Density Patterns in China 1953 - 2000"（第十九届地理信息科学国际会议，2011）等。

目　录

第三编　法律空间　/117

第四编　景观空间　/167

第一编　媒体空间

一份刊物，两个城市：《良友》画报在上海和香港的际遇

梁元生

一、引言

本文旨在通过考察一份民国时期上海出版、风靡全国的杂志——《良友》画报的历史，去探讨20世纪上半叶中国社会文化的变迁，特别是知识系统与风俗时尚的转移，以及新一代城市知识分子和中产阶层对于传统文化和现代生活的权衡与选择。本文采取个案研究的方式，以《良友》画报有关的几个群体作为探索的对象，从而带出上述社会史及文化史的重要课题。这些群体包括《良友》画报的出版商人及经营者、《良友》画报的编辑和作者群，以及阅读《良友》画报的读者等。他们主要是居住于城市及追求现代化价值和生活时尚的中产阶级和知识分子。有趣的是，《良友》画报在上海出版的时期（1926—1941）很受读者的欢迎，后来因为日本侵华而停刊。

到了战后其出版人伍联德移民香港，并与一些旧部在香港复刊《良友》画报，虽然沿用过去的出版路线和风格，同时也主要是面对城市读者，但读者对它的拥护和支持，似乎热情不再、销路大减。到底是时宜势易，抑或是出版的地理空间的相异而造成的结果，抑或是上海和香港两地环境不同所造成的差异？这些也是本文所关心并希企考究的延伸课题。

《良友》画报于1926年创刊于上海，以当时一群来自广东的年轻人所带来的新技术和新思潮为基础创办的画报。他们的领袖是伍联德（1900—1972），一个不久前才刚毕业于岭南学堂（岭南大学前身）的青年。在伍联德的身上显示了这个广东群体的一般特征：

（1）他们来自粤东及港澳地区；

（2）他们都是具有高等学历的年轻专业人士；

（3）他们具有丰富的海外经历和国际联系；

（4）他们中的大多数具有丰富的西方技术知识，特别是在美术、印刷业和摄影技术方面；

（5）这个群体中的大多数人都具有基督教背景。

总而言之，这是一个民国初期在北方都市如天津、北京、上海、南京等都可以找到的新移民群体——从南方（特别是从广东）来到北方城市的青年知识分子。上海更是这批广东人的最佳选择。他们在广东或香港接受了现代化的教育，中学和大学多半就读于教会学校，如培英、培正、岭英、岭南等，受到一定程度的西化影响。他们和上一代的广东帮不一样，就是不单倚靠洋行买办为职业，而是从不同的专业范围去寻求发展。尽管他们怀着不同的原因和理想来到上海，但他们为了共同的追求而走在一起，成立和出版了在当时全新的综合性图画杂志——《良友》画报，在近代的上海文化史中，描绘了色彩灿烂的一章。

这群来自广东的年轻人，经常聚集在四川北路 851 号伍联德的良友图书印刷公司（该公司成立于 1925 年）内，讨论岭南求学时期的美好时光，也分享从华侨家族得来的海外情报和文化风情，以及讨论中国多变的政局和情势，以及良友公司未来的出版计划等等，在畅谈理想、思乡念旧和指点江山之中，孕育了不少出版计划，而《良友》画报也顺时而生。它是当时配有大量图片，图画和照片的综合性月刊杂志。第一期《良友》出版于 1926 年 2 月，一时之间，上海城内洛阳纸贵，极为畅销。数月之后，《良友》画报转为双周刊，定期出版至 1945 年。期间因日本发动侵华战争，上海不久沦陷带来的混乱而一度中断。在 1926 年到 1937 年，《良友》一直是相当成功的杂志，得到了上海各阶层的认可。在经历太平洋战争后，民族主义者和共产主义者之间的矛盾日益尖锐，引发了混乱的局势和不安的情绪，直接影响到杂志的销路。于是伍联德决定像其他上海商人和实业家一样，离开上海，南下到英属殖民地香港去寻求发展。在香港安定以后，伍联德决定延续他的出版生意，让《良友》画报在香港复刊，希望续写昔日的辉煌，即使沪港两地有着完全不同的商业文化和城市环境。

因此，《良友》在 1954 年 8 月的香港仍以画报的样式涅槃重生。在香港复刊后的《良友》画报，又称海外版或香港版，每月出版，直到 1968 年，共出版 174 期。在最初的几年，香港版《良友》主要沿用上海《良友》的编辑风格，如每期以时髦女郎做封面，并刊登大量的图片，而且很多主题和专栏也沿袭自上海的《良友》。

然而，《良友》在战后的香港社会却没有引起其在上海 20 世纪二三十年代时的巨大反响。它在香港的发行量，与上海的黄金时代相比有非常明显的锐减，而杂志的受欢迎程度和订阅量也直线下滑。在相当长的几年中，《良友》一直竭力维持预算，通过采用不同的编辑方针和策略来确保杂志的继续发行。

在这篇论文中，笔者将对照《良友》画报在沪港两地的不同经营方式，比较读者的不同反应，揭示《良友》杂志为何在上海大受欢迎，而在香港却备受冷落的原因。通过对民国时期沪港两地城市背景和环境的对比分析，将有助于加深我们对近代中国城市生活方式的理解，体会上海和香港居民的日常生活和价值取向，从而更好地掌握媒体文化的特征，尤其在印刷文化方面的反映。本文的一个主要假设是：《良友》画报之所以在上海大受欢迎，是由于它以新技术和新的影像文化作为媒介，向都市民众输入新知识、新观念，有别于其他以文字为媒介的主流报刊，因此得到大都市中等阶层读者的欢迎。

然而，相同的策略却并不适用于战后的香港。香港读者的反应即使不是完全漠视，也称不上十足的热情，因为香港的读者没有把《良友》当作传递新思想和新知识的媒介。在香港读者看来，20 世纪 50 年代的《良友》只是针对旅居香港的上海人和那些对中国传统文化和生活方式抱有浓厚兴趣的人而出版的杂志。该杂志的图像和办刊理念的改变是决定其命运的一个重要因素。由于《良友》在香港的读者和发行量持续减少，伍联德和《良友》的编辑在 20 世纪 60 年代曾对杂志的经营模式进行重组，对其内容进行调整，可惜效果不佳。最后，香港《良友》终于在 1968 年停办。这篇论文旨在展示《良友》画报在上海和香港的不同际遇，剖析上海和香港读者对中西方文化的不同感知，以及他们对本土、小区及民族的认识的不断演变。

二、视觉之转移：20 世纪初《良友》“影”动上海

民国时期的上海，是 20 世纪许多新媒体的试验地。作为中国发展最快的城市和最繁忙的港口之一，上海与国外有着持久且频繁的交流。所以在上海看到外国人、新商品或新事物已不足为奇。尤有进者，上海人比较开放，更易接受和适应来自欧洲、美国、日本的新思想和新技术。事实上，在上海的许多商人和知识分子本身就是不同程度的西化派，对那些来自西方和日本的新趋势、新生活和新时尚，有着促进和推动的作用。叶文心在《上海的辉煌：经济情愫与现代中国的形成，1843—1949》一书中，分析了上海从晚清时代到其“黄金时代”的历史演变，及其商业文化的兴起。她把20 世纪20 年代到30 年代新兴的商业文化，以及其与现代性的关联，进行了深入的分析，认为由此带来上海社会实质性的转变。① 这种转变来源于海外的工业产品和新商品引起的新的消费观念，但与此同时，也带来上海人在文化习惯上的改变，例如对摄影，戏剧和电影等有更大的兴趣。

《良友》画报的创办人和发行人伍联德，是一个乐于吸收新文化，介绍新知识和报道新事物的出版人。他将西方的新事物、新潮流和新趋势，通过《良友》画报引入到中国来，不完全为了杂志能够赚钱，也确实有改造国民、创新文化的用心。在伍联德看来，最有效和最吸引读者的方法就是采用照片和图片等新媒介符号。在 20 世纪早期，戏剧和电影业在上海逐渐

---

① 叶文心对上海商业文化及现代生活的分析，参见 Wen - hsin Yeh, *Shanghai Splendor*: *Economic Sentiments and the Making of Modern China*, 1843 - 1949 (Berkeley and Los Angeles: University of California Press, 2007) .

萌芽发展，并受到人们越来越多的关注。伍联德和他的那群来自广东志同道合的朋友们发现视觉媒体是一项对文化和商业都有影响的事业，并企图先把这个关注点和他们的精力放在印刷业和出版业上。他们认为在出版业中，尤其是书本杂志中使用图片和照片，是传播消息，知识和信息的有效方法。他们相信订阅杂志和书本的新中产阶级不仅会接受画报这种形式，更乐于阅读大量图片以获取信息。当然，在上海出版一本画报杂志并不是完全陌生或新鲜的想法，因为在《良友》之前，上海已经有了几家画报期刊和杂志。

图画书籍、期刊、报纸和杂志最早是由教会出版社于19世纪中期在上海发行的。中国读者已经发现伦敦教会出版社和美国长老会出版社出版的附带照片图片的出版物的乐趣。在19世纪60年代后期至70年代，一些由上海江南制造局出版的翻译作品也包含着大量的图片。但最早出版和发行画报书籍，并作为他们最主要业务的出版社和书局是由美查（Frederick Major）经营的申昌书局，此人同时拥有申报的经营权。美查对图片新闻和画报有着浓厚的兴趣。1884年，他和申昌书局出版了19世纪后期，上海最负盛名的画报——《点石斋画报》。①

继《点石斋画报》之后，越来越多的石板画印刷局和书社相继成立，图片、照片成为出版商们的新宠儿。同文书局、拜月山房、中西书局和鸿文书局，也相继出版了配有大量图片和照片的书籍。到了20世纪早期，随着画报产业的兴起，一种

---

① 关于《点石斋画报》与上海文化，参叶晓青：《〈点石斋画报〉中的上海平民文化》，收入汪晖、余国良编：《上海：城市、社会与文化》（香港：中文大学出版社，1998），页133－150。

新兴的阅读习惯也在上海延展起来。[①] 随着视觉艺术和文化的发展，越来越多的画报被介绍到上海，并在上海出版，比如《画图新报》（最早于19世纪80年代后期出版）、《飞影阁画报》、《瀛环画报》和《图画周刊》（20世纪20年代上海时报的增刊）等。另外，《星期画报》作为《晨报》的增刊，于1925年9月开始每周发行。此外，含有图片画作的漫画和小说也逐渐在上海和全国的读者中热销，如绣像小说系列。1897年最大的印刷公司——商务印书局在上海成立。它是20世纪早期最早引进胶印印刷机，采用多种颜色印刷书籍和周刊，以此来加强印刷品中的视觉效果。[②]

1926年，《良友》画报以月刊的形式在上海问世。而在此之前，上海的出版界对画报并不陌生，业界已经做好了接纳新成员的准备。在《良友》出版的最初几年中，它的发行量与读者人数节节攀升，到1928年，每年销量已经超过3万份之多。

一群学者认为：《良友》可以说“是三四十年代最具影响和权威的大型画报”[③]。另外有研究报刊历史的学者说：“在当时，它甫一出版，旋即风靡，不仅令普通民众趋之若鹜，知识精英也对它赞誉有加；它是当时国内销量最大的画报，也远销至南洋及美洲等海外市场，有‘良友遍天下’的美誉. 它的创立，在当时实际上开创了一个新的杂志概念，同时也树立了优

---

① 关于新的印刷技术和上海阅读文化的关系，可参考下列论著：Barbara Mittler, *A Newspaper for China? Power, Identity, and Change in Shanghai's News Media*, 1872 - 1912 (Cambridge, MA: Harvard University Press, 2004); Christopher A. Reed, *Gutenberg in Shanghai: Chinese Print Capitalism*, 1876 - 1937 (Vancouver: UBC Press and HKU Press, 2004); and Rudolf G. Wagner, ed., *Joining the Global Public: Word, Image, and City in Early Chinese Newspapers*, 1870 - 1910 (Albany: State University of New York Press, 2007).

② 商务印书馆的历史和所起的文化作用，参见李家驹：《商务印书馆与近代知识文化的传播》（香港：中文大学出版社，2007）。

③ 见上海出版志编纂委员会编：《上海出版志》（上海：上海社会科学院出版社，2000），页708。

质出版物的品牌。”①

至此，一个重视视觉感官的光影时代终于来临，大众文化逐渐由书本文字转向更多的图像和照片，而银幕电影也逐渐普及和受到城市居民的欢迎！

在上海，画报和图书不仅成为视觉文化的弄潮儿，电影也越来越受到瞩目。《良友》也捕捉到这个新的文化趋势，他们把年轻女演员蝴蝶的图片作为封面，放在1926年《良友》的创刊号上。接下来的几期，《良友》继续以戏剧和电影中的图片作为杂志的封面，并取得了迅速的成功。在一年内，其发行量上升到每期超过1万份。由于读者的剧烈反响，伍联德和编辑们随后决定将《良友》由月刊改为半月刊。1928年，每期的发行量超过3 000份，到1930年达到4 000份。这些都表明该杂志的持续的受欢迎程度。

此外，《良友》也由上海发展到中国的其他城市。1928年2月，《良友》在香港成立了其第一个分支办事处；同年年底，其他分销处也在广东省广州市、广西省梧州市，相继建立。1931年，《良友》在汕头、天津、济南、厦门、南京、北京都有分销处，建立了全国性的分销网络，连蜀地的重庆和成都也都有《良友》的办事处。②

在海外，《良友》的分支办公室和机构也陆续成立：1928年，《良友》在新加坡有了首家办事处，随后，在日本、加拿大、古巴和美国的一些城市也有了分支机构。在10余年中，《良友》画报已经成长为一家国际型企业，其成功大都源自其

① 朱联保：《近现代上海出版业印象记》，《学林》（1993），页263。

② 《良友》画报在开办后数年，即在全国各地设立办事处，在海外也有不少城市有其分销处，这些资料参见《良友》画报第20期（1927年10月）及第79期（1933年8月）之封底内页。

与海外华人之间的联系，尤其是靠着广东移民和基督教教会学校的联系网络。

三、从岭南来的“文化买办”：一本广东文化和基督教义交织的上海杂志

自1926年2月15日出版第1期，到1945年10月最后一期的面世，《良友》在上海住了20个年头，总共出版了172期，是当时最具影响力和权威性的画报。跟随着画报这一新兴的杂志样式，《良友》在上海，实际上不是一个完全新的印刷媒介，因为在其之前，诸如《点石斋画报》早已出现。但在大众的眼中，《良友》是创新的象征，它的出现大胆而符合潮流，代表了新技术和新思想。譬如，它从石头印刷术发展到胶印印刷和凸版印刷；从黑白照片发展到1928年的彩色照片。作为这一趋势的标志，《良友》的封面不仅是美丽的女性，而且是潮流的风向标。

《良友》的发行人和编辑们也把自己视为一个新知识分子和专业人士的群体。他们声称具有关于这个崭新世界的认识，欲把新思想介绍给中国的读者。李欧梵、李孝悌和 Ezra Block 等历史学家已经对新技术的文化内涵进行了相关的讨论，例如彩印和新的生活方式；为上海读者设计的封面女郎等。与前几位学者不同，笔者将集中分析《良友》特征中一个鲜为人知的一面，即广东文化和基督教义，这两种元素实际上相当重要，可以说是这份杂志的创办人、出版者和编辑们经历的集中体现。甚至可以说是整个良友出版集团的背景特征。要讨论这两点，让我们从《良友》的创办者和第一位主编伍联德开始。

伍联德（1900—1972），广东台山人。曾在广州岭南学堂

从小学到大学预科学习超过10年之久，是良友印刷公司的创办者和《良友》画报的首位主编。在岭南大学预科学习的时候，伍氏对艺术和设计开始产生浓厚的兴趣，毕业后，他违背父母想他到美国去的意愿，而决定去上海谋生。[①] 他先在上海商务印书馆找到工作，认识了乡人邝富灼。邝富灼负责商务印书馆的翻译部门，专门负责出版英文课本和西书翻译的工作。邝氏曾经在美国生活20余年，做过洗衣工人，后来加入旧金山救世军，学做厨师和书记，最终决定去盘马奈学院（Pomona College）进修学习，经过一番奋斗，最后转学位于伯克莱的加州大学，在1905年获得文学士学位，翌年又得纽约哥伦比亚大学奖学金继续进修，1906年获得英语和教育的硕士学位。在纽约读书期间，他有机缘和中国驻美大使梁诚会面，并得到梁诚的鼓励回国服务，于是毕业后在1907年，他就告别生活了20余年的美国，回到中国去。回国后他参加了清廷为留学生归国而设立的所谓考试"洋进士"的考试，分发邮传部差使。但他无意官场，只选择了上海商务印书馆的工作，负责统筹馆内所有翻译的任务。[②] 这个工作他一干下来就是20多年，直到1928年他60岁的荣休的时候才停止。很明显，伍联德进入商务后即受教于邝富灼，从他的身上学会了不少关于西方文化和印刷界的许多新知识。

伍联德良友集团中的另一个得力助手是梁得所（1905—1938），他也是广东人，也曾经是商务印书馆的工作人员。基于这层关系，一位学者曾经说过《良友》画报实际上是上海商

---

① 伍联德的家世及生平，见马国亮：《良友忆旧》（北京：生活·读书·新知三联书店，2002），页3。

② 邝富灼生平简介，见梁元生：《边沿与之间：邝富灼的跨地域和跨文化经验》，收入梁元生：《边沿与之间》（香港：生活·读书·新知三联书店，2008），页127－146。

务印书馆衍生出来的“副产品”。事实上，《良友》公司和良友画报与商务印书馆并不存在实际营运的关系和经济上的来往。一些《良友》的编辑和工作人员虽然曾经在商务工作过，但这不足为奇，因为商务印书馆曾经雇用过大量的广东籍工作人员，包括工作过很长时间的主编王云五。这些在上海生活的广东人彼此相熟，多所往来。他们当中，有一些人甚至同属于一间教会的。例如，邝富灼和伍联德都是上海基督教青年会的领袖，他们也都去常上海广东中华基督教会那里聚会。他们也会在其他基督教有关组织如出版委员会及扶轮社等有很多接触和见面的机会。

继伍联德之后担任《良友》主编的几位，大都有着相似的背景。譬如前面提到的梁得所，他也是一个来自广东的基督徒。他是广州一间基督教教堂牧师的儿子，他自少在基督教办的培英学校上学。培英学校也颇有名气，和岭南齐名，同为教会学校中的佼佼者。梁得所在培英读完中学，考进山东的一所基督教大学——齐鲁大学。他最初学的是医学，但他对医学提不起兴趣。不久就退学到上海发展。在上海，他与一些在良友公司工作的广东旧朋友重逢，也结识了不少新朋友。梁得所具有一个艺术家独到的眼光和热情，也有多方面的才华。他是个多才多艺的艺术家、音乐家、摄影师、翻译家，同时也是诗人和作家。他对出版事业很感兴趣，不久就参加《良友》的工作，并且获得伍联德的赏识，很快就继伍氏之后当上了主编之职。在他主编《良友》期间，他对画报的艺术风格和形式都进行了大胆的改革，为杂志的发展作出了重要的贡献。在他担任主编工作的6年中，《良友》的社会和文化影响力显著提高，发行量和读者人数升幅明显，成为在上海数一数二的杂志。但其后梁氏另起炉灶，到另一家出版公司工作，也创办新的杂志，成为《良友》的竞争对手。可惜天不假年，梁氏在33岁时便英年早逝，得病去世了。①

另一位编辑马国亮（1908—2002），他是继梁得所之后的广东人。他是广州顺德人，也有着基督教的背景，同样毕业于广州培英中学。青年时代他曾经到过香港，在此生活了两年，之后回到广州培英就读中学，比梁得所低一届。他们都是基督教青年会的成员，并都对艺术和绘画有浓厚的兴趣。与梁得所不同的是，马国亮并没有完成高中学业，便直接到上海新华艺术学院升学，学习油画。1929年他加入良友出版公司，成为良友公司旗下另一本杂志《今代妇女》的助理编辑。1933年梁得所离任后，马国亮就成为《良友》的第四任主编，并且于1938年建立了他自己的《大地新报》。

《良友》画报在20世纪20年代到30年代期间，还有一些人参与编辑的工作。文字编辑他起用的主要是：陈炳洪、明耀五、谢恩祈、魏南潜、潘比德、李青；参与艺术设计的编辑包括：万籁鸣、李旭丹、丁聪；图片编辑则有张建文和张沅恒。其中大部分是广东人，有的毕业于培英学校，有的毕业于岭南大学。这些在新式的基督学校接受教育的年轻人，不同于走学术道路的传统学者，因为他们对于专业和技术方面的训练更为注重，也更容易适应不断变化中的现代社会。

在这个团队成员中，尤其是梁得所、马国亮和张沅恒都具有相同的文化视角，对绘画和摄影的热情不在伍联德之下。他们先后加入《良友》，有的是出于《良友》创办初期的运作需要，有的是因为几年后由于公司规模的扩大，急需大量在艺术和摄影方面的专业人士。在此渴求人才特别是专业人才比之

① 有关梁得所在良友所做的工作和贡献，见他离开前所写的文章《告别良友》，刊于《良友》画报第79期（1933年8月），页18。

际，这个广东基督教的网络就发挥很大的作用。招聘陈炳洪就是一例，陈氏是伍联德在岭南学校和大学预科的同学。1927 年他在加州学习新闻的时候，恰逢伍联德到好莱坞访问。由于良友规模的不断扩大，伍联德当时就力邀陈氏回国到上海去参与良友公司的发展。随后，由于市场和金融部门的需要，伍联德又再次利用他的岭南校友网络去招募人才。伍氏找到他在广州从岭南小学一直到预科的同学余汉生，就打电话请他来上海帮忙打理印刷事业。其后，在 20 世纪 20 年代末，他又聘请余汉生的姐姐余贵美北上，成为良友图书公司旗下附属杂志《现代妇女》的编辑。[①]

岭南大学计划于 1927 年在上海建立分校。1926 年时任岭南大学校长的钟荣光，去上海筹集资金，安排建校事宜。而当时伍联德和陈炳洪领导的良友集团，便是接待委员会的主要成员。[②] 这一点就显示出良友和岭南/培英之间的联系非同一般。此外，这种广东和基督教的联系也反映在杂志的内容上。我们有足够的资料证明，作为主编的伍联德、梁得所和马国亮，善于利用他们地域性和基督教的联系为《良友》的专栏邀约文稿和区的照片，然后刊登在《良友》之中。《良友》在 20 世纪 20 年代设有一个叫做《现代社会成功人士自传》的专栏，其中报道的成功人物包括：邝富灼、王云五（商务印书局的知名编辑、翻译家和作家）、梁寒操（南京政府的广东籍高级官员）、黄柳霜（来自台山的移民家庭，在上海和好莱坞开辟演绎事业的演员）、李惠堂（著名足球运动员），以及刘湛恩和王立明夫妇（毕业于上海浸会大学，信仰基督，颇有影响力的教

---

① 关于伍联德与余汉生一家的关系，伍氏曾经亲自撰文在《良友》画报第 6 期（1926 年 12 月）发表。页 2。

② 参见李瑞明编：《岭南大学》（香港：岭南校友会，1997），页 204。

育家和社会工作者）等，大部分是广东人，不然就是教会人士。[①]

与此同时，我们需要指出的是，尽管《良友》的几位负责人和主编具有基督教背景，但《良友》并不是传播宗教信仰的媒介。它以许多成功人士和小区领袖的生活故事为特色，虽然这些人都是基督徒，如邝富灼、刘湛恩和王立明，但它绝对不是直接传播福音的材料。相反，《良友》对于流行文化的报道，例如戏剧、音乐、电影和衣着时尚等，偶尔也会引起保守基督徒惊讶的神情和批判的眼光。

此外，在《良友》画报和印刷公司的投资者和股东中，多于半数的人都具有相同背景：来自广东，有基督教的受教经历，以及与海外保持密切联系。例如，在1928年的8个董事中，有3个是上海人，另外3个是香港人，1个来自广州，另1个来自美国。而在59名股东中，3个来自上海，持有公司11.7%的股份；1个来自苏州，持有0.3%的股份；15个来自广州，共持有18.6%的公司股份；还有19名来自香港的股东，持有44.6%的股份，是持股比重最大的一群。此外，1个来自新加坡的股东持股0.8%，以及另外有19个来自美国的股东，共持股24%。对此之下，我们可以大胆地推测，这些来自美国、新加坡和香港地区的股东也都可能具有广东的背景。如果我们把他们这帮人和来自广东的另一批人加上来，那么在1928年他们就一共持有《良友》集团超过80%的股份。[②]

根据现有的人口资料，在1929年中期也就是《良友》成

---

① 有关此一系列的报道及自传，参程德培、郝元宝、杨阳编：《良友人物，1926—1945》（上海：上海社会科学院出版社，2003）。

② 村井宽志：《良友画报与华侨关系网》，姜进主编：《都市文化中的现代中国》（上海：华东师范大学出版社，2007），页422－426。

立早期，旅居上海的广东籍人口就有5万人。到1935年，这个数量上升到10万—20万人。这些来自广东的人可以分为两类：一类是来自于占广东86%以上人口的广东广汕地区；另一类主要来自于广东东部地区的市镇，比如潮州、汕头地区。[①]在上海的大多数广东人从事进出口贸易和加工工业。在19世纪早期最早一批来到上海的广东人是多以买办的身份谋生，这主要是由于上海港当时开始进行国际贸易。当现代工业开始发展，比如19世纪60年代中期李鸿章在上海兴建江南军械库和造船厂，负责的官员如丁日昌、唐廷枢、郑观应等都是粤人，他们也大量的从广东地区招募工匠和工人来到上海，这是早期上海广东人小区形成的主要因素。

因此，商人和买办、工人与技师共同组成了19世纪上海的广东社群的两个主要阶层。在20世纪早期，广东商人开办了新的百货公司，如永安、先施和新新，他们也从广东招募了一些工人。这些从广东来的商人和工人，显然和早期的买办和技工有所不同，但尽管如此，他们仍然属于商贾和工人的阶级。但19世纪末和20世纪初从广东来到上海的另一批人，则和往昔来沪的粤人有很大的分别。以职业而言，他们并不再从事洋行买办或商务工作，也不是工匠或工人。他们都受过相当程度的教育，大都会认同把自己看为知识分子和文化人，又或者是专业人士。这些广东人活跃于教育界和文化界，例如在出版、传媒、英文学堂、会计、设计和电影等行业，都有不少来自粤港的年轻人。集中在良友图书印刷公司及出版集团的一批广东籍人士，可以代表着20世纪初从广东来在上海发展的新知识分子和专业人士。他们不再步武上一代广东人的职业路径

① 宋钻友：《广东人在上海》（上海：上海人民出版社，2007），页31－36。

和生活方式，他们要在变化多端的上海发展崭新的事业，扩展新的领域，和带动新的潮流。

确切地说，《良友》画报便是这项事业的投射。这个事业以一帮来自广东和香港的年轻人为先锋，他们通过自身专业和教育背景及与外界的联系来推广他们在上海的事业和文化的宣传。所谓的广东圈已经随着市场的深入而普及到其中的独立的个体。

然而，这群广东人有别于在上海的传统上以广肇公所为纽带的广东商人。后者通常是热衷于小区服务的商人，他们常常维护坟场，保护庙宇，热心慈善和经营“善堂”等的公益事业。正如顾德曼（Bryna Goodman）在她研究上海外省人的书中提到的情况。[①] 然而，广东文化背景下的良友集团不同于上面提到的其他在上海的广东人群体，他们并没有与传统的广肇公所的精英混合在一起，相反的，他们有自己的朋友圈，通常是来自广东和香港的基督教背景或教会学校背景的年轻人，例如岭南和培英的校友。他们当中的一些人也非常热心参加教会的工作，或基督教机构如青年会的服务。

四、移居南国抑或回归本土:《良友》从上海移植香港的经历

如前文所述，《良友》在上海的成功，几乎是立竿见影的。1926 年初版 3 000 份很快就脱销，随即分两批加印的 2 000 份，第一期竟销出 7 000 份。此后，读者也持续增加，至 1928 年已超过 3 万人次。导致《良友》画报热销的原因，简要而言，有

① Bryna Goodman, *Native Place*, *City*, *and Nation*: *Regional Networks and Identities in Shanghai*, 1853 – 1937 (Berkeley and Los Angeles: University of California Press, 1995).

以下几个因素：

首先，它的画报风格（配有大量图片和照片）在广大读者中引起浓厚的兴趣和强烈的反响，因为这些读者乐于在阅读文章的时候欣赏图片和图像，尤其是年轻的一代，正如《良友》的英文标题——“青年之友”表明的一样，它是一本以年轻人为主要对象的杂志。更重要的是，杂志的成功源于对内容的有效定位。杂志鼓励和提倡城市中产阶级的价值观和品位，以时装、化妆品、戏剧、电影、旅游、艺术作为杂志的主要焦点。同时，杂志对海外新闻的报道和对新技术发明的探讨也极大地满足了年轻读者对知识和文化的渴求。总之，上海《良友》在20世纪早期，利用上海社会物质生活空间的转型和现代情感观的发展，树立了其紧跟时代潮流的形象。一些人也许会联想到杂志的定位和方向与其毕业于岭南和培英的经营者和编辑们的广东人和基督教背景有关，因为岭南和培英的毕业生在当时早已被公认为是西方和现代精英的价值观的代言人。

1949年，伍联德把家和生意从上海转移到香港。他所代表的企业转移并非孤立的例案。在同一时期，即20世纪中叶，有成千上万的新移民离开备受战火蹂躏的战后上海，往南迁徙到英属殖民下的香港。在香港，这些新移民组成了所谓的“上海帮”，凭借他们自己建立的人脉和商业网络，例如银行和商会，得以筹集资金，重振其在上海时的商业和企业。香港大学的社会学者黄绍伦，将这些由上海迁入到香港者的移民企业家做过详细的调查研究，认为这些来自上海的企业家只能够在香港复兴其事业，主要还是借着其同乡关系，以及基于血缘和地域的网络。①

① Wong Siu Lun, *Emigrant Entrepreneurs: Shanghai Industrialists in Hong Kong* (Hong Kong: Oxford University Press, 1988).

在这群上海来港的企业家中，伍联德不能算是“上海帮”中的核心成员，因为他虽然来自上海，但根在广东，而且和香港有着长久的来往，并不陌生。他是一个在上海起家的广东人，他对香港的广东文化已经有些熟悉和了解。换句话说，伍联德和他的《良友》旧人应该比其他来自上海的江浙财阀更熟悉香港，但他的文化企业则和江浙商人所经营的工商业有非常不同的性质。所以，上海帮把企业转移和重新在香港发展的成功经验，对伍联德来说，是没办法效尤，也不能够重复的。本来，伍联德希望《良友》在上海成功的经历会在香港重现，因为香港是另一个重要的商业城市，有着与上海截然不同的城市文化。但结果并没有如他所料。主要原因是因为两个城市的文化有异，两个时代的读者对一本文化杂志的要求也有显著的不同。这不同于工业或其他企业的转移，经营和资金的因素相当重要，但对文化和出版业来说，最重要的是靠赖读者（消费者）的支持。伍联德到了香港后，和其他上海南来的企业家一样，要在此重整旗鼓，出版《良友》，可惜结果不像其他上海企业一样，发展顺利，虽然《良友》画报在香港的生命也相当长，但其受欢迎的程度及对社会的影响力，都有一定的限制。以下从香港版《良友》的历史，探究其失却上海时期的辉煌和动力的原因。

伍联德对《良友》画报在上海的成功经验是抱有信心的。正因如此，他在香港重新出版《良友》时，也以“上海模式”作为依据。在20世纪50年代早期的香港，由于大量移民从北方南下，工商界中尤多讲究人士，而在香港，他们都被笼统称为“上海帮”。因应这些移民的需要，其时香港已经出版了几份杂志和刊物，以迎合这群来自上海和中国北方的新移民。所以伍联德打算重新出版《良友》，并不是不合情理的商业考虑。

从《良友》香港版出现的前期，即由50年代到60年代初，伍联德一直都是香港《良友》的出版人兼主编。而在他身边帮助《良友》重新出发的人，大都是《良友》旧人，由画报的助理编辑到主要的撰稿人，都是以前上海《良友》公司的同仁。这群旧同事和上海朋友，许多都和伍联德及其他上海人一样，在40年代后期和50年代初离开上海而到了香港，他们并非追随伍联德或跟随良友公司迁移，而是来到香港自求发展的。但在1954年伍联德在香港正式重组良友公司并出版香港版的《良友》画报后，他们就陆续回归，加入《良友》编辑和作者的行列。我们来分析香港版的《良友》，首先要注意的是这个编辑群体与上海《良友》的差异性。香港《良友》的编辑人员，包括主编伍联德，大都来自上海《良友》旧部，但除了伍氏本人，其余并非上海《良友》的骨干人马，也不是上海《良友》中的“岭南帮”成员。这些是什么人呢？他们大部分是上海《良友》的撰稿人和分销商，比如上官牧（余阳申）、王志波、薛志英和陈泰来，他们最初都是上海文化圈比较活跃的写作人，常常为上海《良友》撰稿。然而，他们的背景和那些在有基督教背景的广东人（特别是岭南/培英校友）有很大的差异。首先是文化和教育背景的不同，这群《良友》的撰稿人多半来自北方或上海邻近的地区，而不是华南或港澳。他们大都讲普通话或上海方言，而他们关心的课题及撰写的文章也主要集中在文学和传统文化方面，而非国外的新知、见闻和科技。

在此我想提出一点，在早期上海《良友》的编辑中，周瘦鹃是其中比较有影响的人物，他曾经代替伍联德的主编职务，出版第5期至第12期的《良友》。周瘦鹃是在上海文坛中“礼拜六派”[①] 的当红作家。周瘦鹃出生于江苏苏州，自小接受中国传统文化和古典文学的教育，在青年时代就培养了对中国文学和历史的浓厚兴趣。他有一群和他志同道合的学者和作家朋友，他们在中国传统文化、戏剧和艺术，都有浓厚的兴趣和欣赏的热情。本来这批文人大都给上海著名报纸《申报》撰稿，特别是在周瘦鹃负责《申报》文学副刊的时候。这帮撰稿人在性格、生活方式等许多方面都继承传统文人的形态和风格，与那群来自岭南，大部分具有基督教背景的文化青年截然不同，使得周瘦鹃在《良友》的早期编辑队伍中显得格格不入。但由于周氏是上海的文坛的知名作家，并且他所创作的才子佳人系列小说在中国读者中很受欢迎。故此上海《良友》在介绍新知和鼓动时尚之余，也有版位留给才子佳人小说，以吸引一部分爱好传统文化的读者。

伍联德在《良友》创办之初，利用周氏的名望和口碑来提升杂志的知名度和销售量是有一定成效的，尽管《良友》在另一方面标榜新思想，想要成为一个新媒体，但周瘦鹃等人在传统文化方面的影响力，确实成功地带给早期《良友》一些读者。同时，这也表明传统文化即使在上海这样一个多元化又日新月异的社会中仍然是有一定位置的。民国时期的上海，既有站在改革前沿的人士，也有固守传统的保守派。周瘦鹃等为《良友》招募了一些固定的撰稿人，他们写的爱情故事在良友书迷之中有一群固定的追随者。

在香港工作时，伍联德从上海招募来的老部下，事实上，很多都受到周瘦鹃这批文人的影响，而与伍联德那群来自广东（其中一些具有基督背景）的年轻知识分子与专业人士有着不

---

① “礼拜六派”是一个在上海非常知名的文学群体，因其对传统文化的品味和其依据中国历史故事和文化传奇所撰写的浪漫爱情故事而闻名。

同的性情和文化品味。这批来香港为复刊《良友》工作的编辑及撰稿人，可以说是来港的新移民，不是熟悉香港背景及文化的岭南人。他们与来自上海的其他文艺青年和来自北方城市的移民一样，或因为惧怕新政权，或不愿生活在内战的不安之中，因而决定南下。换句话说，这群《良友》作家和工作人员，和许多战后南来香港的作家和文化人一样。

香港版《良友》一共出版了172期，从1954年8月到1968年11月，一直维持了14年半。它存在的时间和出版的期数几乎可以和上海《良友》互相媲美，但在认受性和影响力方面而言，则很难与其前身的上海《良友》相提并论。从模式和运作上，香港《良友》一直是沿用和继承上海《良友》的，甚至可以说是后者的翻版，例如以美女作为每一期的封面，栏目和内容也多和上海《良友》相近，包括时尚、游记、国内新闻、世界新闻、文艺、电影和照片等，虽然风格依旧，但《良友》在战后的香港却辉煌不再，难以从读者那里获得上海读者同样的支持和反应。

对于《良友》在战后香港平平无奇的表现，概括而言，可分为内因和外因。

首先，《良友》画报内在的问题：

当伍联德想要在香港重振《良友》的时候，他召集良友集团在香港的上海旧部，请他们来帮忙编辑和撰写的工作。尽管伍联德自己仍然担任《良友》的主编，处于领导地位，但他的助手已经不是最初在上海《良友》工作的那些广东人，而是后期才参与《良友》工作的江浙文人。他们大都是上海本地人或是来自江苏和浙江等邻近地区。他们通常以上海方言或普通话沟通，而大多都热爱中国传统文化研究，喜爱京戏和昆曲。20世纪50年代香港《良友》的主要撰稿人和专栏作家如上官牧、王志波、薛志英和陈泰来，都是来自以上的背景。1962 年，陈泰来更接替伍联德出任《良友》的主编，直到 1968 年。

那么，当初为上海《良友》创造辉煌的那一批年轻人去了哪里呢？

事实上，他们像其他文化人和专业人士一样，很多都在那日本侵华和国共内战的战乱流离的动荡岁月中，或先或后离开了上海。他们中有一部分回到了广东的家乡，也有一部分和其他人一样，辗转来到了英国殖民下的香港。但由于他们原来就是岭南文化的产物，又懂得广东话，甚至会英语，到了香港之后就迅速融合在本地社团之中，并且各自发展其事业，也有部分的人利用他们家庭与海外的联系，移民到东南亚、澳洲和美国，情况和刚从北方与上海来到香港的新移民有显著的不同。总之，当伍联德想于 1954 年在香港重办《良友》的时候，在上海《良友》工作的"广东帮"和"岭南人"已经基本上无迹可寻了。1949 年以后来香港《良友》工作的同仁，大都讲普通话，是典型的"上海帮"。他们初来乍到，发现由于语言和文化的不同，在香港求职和定居都不是易事。因此，他们在文章中清楚地流露出对 20 世纪 30 年代上海的美好时光的追忆和思乡之情。换言之，香港版《良友》更像继承了上海《良友》周瘦鹃等人代表的才子佳人风花雪月的路线，而非岭南青年代表的新知识、新技术和新潮流的路线。

熟悉这份杂志的马国亮总结了香港《良友》的特点："……（香港版）《良友》内容偏重艺术介绍。中外古今著名艺术家及其作家、中国风光文物、香港生活与电影艺术等都是通常出现的题材……"① 但他更准确地指出：上海《良友》和

① 马国亮：《良友忆旧》（北京：生活·读书·新知三联书店，2002），页 295－296。

香港《良友》虽然两者形式和格局始终保持一致，但画报的内涵却发生了变化——上海《良友》是新事物的代名词，在读者眼中更进步；而香港《良友》不论从文化视角和思乡的笔触上都更显保守。[①] 在战后的香港，许多读者把《良友》看做是为上海籍和北方南来移民而创办的杂志，它与同时期的《大成杂志》、《大华杂志》及《春秋杂志》一样，是为香港的上海人而办得。尽管伍联德仍想保持技术和新思想的元素，因为他知道上海《良友》正是靠着这些新元素，如摄影、电影和国际新闻等而吸引读者的，但香港的《良友》却以这些技术（如摄影、画片等）去报道和论述传统中国文化和艺术。

另一方面，外在的环境也影响到杂志的命运。战后的香港，人口不断地波动，没有一个固定的小区和社群。新的难民陆续迁入，一部分本地人和外省人又迁往台湾地区，甚至移民到东南亚和美国。朝鲜战争造成的物资禁运和民族主义与共产主义者之间的矛盾，也使许多香港市民焦躁不安。总之，在此情况下，《良友》没有固定的读者群，读者的流动性很强，也很难预计。20 世纪 50 年代和 60 年代的香港是“借来的地方”和“借来的时间”，在此生活的人更关注的是物价，是时尚，是工业产品和新的让人致富的技术和机会。

结果，香港《良友》陷入了进退两难的尴尬，难以自拔。一方面，它失去了作为新文化、新潮流、新时尚和新媒体的吸引力；另一方面，它集中报道中国传统艺术和文化，充满对旧日辉煌的憧憬和追念，而这恰恰不是战后香港的卖点。因为这个时候，这个殖民地的目光都集中在工业和经济发展上。一名《良友》杂志忠实读者用一句话表明了他的失望之情：“四十年

① 马国亮：《良友忆旧》（北京：生活·读书·新知三联书店，2002），页 295－296。

前的所谓新方式早已经过时了。"①

香港的读者更关注流行文化和休闲方面的报道，而画报的竞争仍把电影的封面照片最为杂志的重点。而且，这个时期，随着香港电影事业的兴起，其竞争者也随之增多。而早在1925年，香港已经出版了一个名为《银星》的画报杂志，该杂志只以电影为主题。到20世纪50年代，香港已经出版了一些知名的画报，他们中的一些与电影制片公司有着密切的联系。因此在视觉方面已经没有办法与这些画报竞争，也无法继续吸引影迷。

最终，香港《良友》在焦虑中把目光寄予海外读者。伍联德和一些广东工作人员建立了海外网络，希望《良友》能够远销东南亚和北美的中国社团和读者。但仅仅靠这些遥远的读者的支持，要维持香港《良友》日常的运作是相当困难的。在1967年的香港大骚动后，杂志面临着巨大财政赤字和经营的压力。于是，伍联德决定于1968年停办香港《良友》，标志着另一《良友》时期的结束。

五、结语

在这篇论文中，我们试图比较上海和香港出版的《良友》画报。20世纪的20年代到30年代，在上海经历城市化和商业化经历着巨大变革的时候，《良友》在这时期出版，由1926年到1941年，一共出版了172期，推动及反映了上海"黄金时代"的变革，也创造了这份杂志的辉煌时期。到了20世纪50年代和60年代，当香港处于英国殖民统治下也同样经历城市

---

① 香港版《良友》(1966年)，页32，引自王若梅：《广角镜与万花筒〈良友〉画报研究(1926－1945)》，香港中文大学博士论文(2007)，页253。

化和工业化的巨大变革之际，香港《良友》也在这时期出版，一共出版了十多年，共 174 期。在这两段时期中，《良友》的主要负责人都一直是伍联德，而画报的主要风格，仍然是依靠图画和照片的视觉艺术。然而，两者的命运却截然不同。前者在上海极受欢迎，成绩斐然；后者在香港却茕茕孑立，惨淡收场。本文想道出的是：上海的《良友》，除了编辑群体的广东背景和基督教的联系，同时树立了一个文化先锋的形象，即关注新趋势、新信息，并以新兴中产阶级和都市人为画报的目标群体；而香港的《良友》，早已丧失了其作为文化标志的魅力和形象。对香港的读者来说，《良友》只不过是一本从上海照搬过来的杂志，画报的对象主要是为了来自北方和上海的移民，是为了让他们更好地适应这个广东文化占主导的城市。当着一阵移民风潮过去后，或北方移民已经安顿下来和适应本地情况时，这本杂志的作用也随着进入历史。

近代上海地标建立与转变：从《图画日报》到《上海指南》

林美莉

城市是人群集居活动之地，而承载于其上的道路、边界、区域和建筑地标，成为人群观察城市的依据。简单地说，初来者大抵上是通过大的区域划分来获取对城市的意象，稍微熟悉之后可以掌握道路网络，最熟悉者则可以确知个别建物，作为确定身份的线索。在都市空间之中，那些控制着人们视觉和心理的地点，成为人们对其处身环境的认知和记忆。艾菲尔铁塔之于巴黎，紫禁城之于北京，即为着例。

那么，提到上海，人们涌上心头的印象是什么？十里洋场，可能是一个最容易想到的答案。的确，上海的发展离不开外国势力和租界扩张。叶凯蒂曾以1884年点石斋出版的《上海县城租界全图》，华界与租界对等呈现，相较于1903年绘制《上海外国租界地图》上法租界、英租界和美租界的疆界，发出“这是谁的城市?”的感叹。[1] 散布外滩的欧风建筑群，即使到了今天，还是让游憩其间的华人产生身处异国的错觉。

外国因素为上海城市风情提供了必要成分，然而，中国本土文化的存在和影响也是不容忽视。本文选择晚清出刊的《图画日报》，以及民国时期编印的《上海指南》，从它们报道的上海地标，通过图像材料及其配文叙述，可以看到华洋文化势力之间的角力，以及近代国人对上海的城市印象的形塑来源。

一、华洋对比与新旧交错

《图画日报》是近代中国最早的画报日刊，1909 年 8 月 16 日创刊于上海，每期 12 页，共出刊 404 期，至 1910 年 8 月停刊。就存续时间而言，《图画日报》不及出刊长达 14 年 528 期的《点石斋画报》，然而，它每日出刊，比起一般画报每月三刊更有及时反映时事的时效性，而其超过 4 000 页的内文篇幅规模，则与《点石斋画报》相埒。近年来已有学者注意并且利用这批数据，撰写专文。例如，熊月之关于上海公园及跑马厅的多篇论文，以及陈平原评述晚清新学图像及帝京风情的著作，均曾引述过《图画日报》。徐小蛮以“刻字匠”、“排字”、“印书”、“卖朝报”、“卖报人”、“卖小说”、“卖山歌书”等七幅画，介绍“当时雕版印刷术已衰退，代之而起的是凸版印刷术与石版印刷术，使用机器”的现象。吴忆伟以“新剧”为焦点，观察“戏曲舞台在布景机关的创新与改革，尤其在近代商业经营上海戏曲环境里，求新求变的感官刺激”，以及中国

---

① Catherine Yeh, *Shanghai Love, Courtesans, Intellectuals, & Entertainment Culture*, 1895 – 1910 (Washington: University of Washington Press, 2006, pp. 327 – 331).

戏曲从写意走向写实的转变。①

研究晚清画报的成果，倾向于把画报作为取材的数据库，而在取用时，预设画报内容能够反映城市日常生活，视为解读晚清文化变革的一面明镜。不过，从现实的角度而言，画报作为一种读者付费的传播媒体②，作者的写作必须要考虑到读者的接受或是喜好程度；也就是说，画报的内容设定及呈现方式，本身就是经过慎思选择的安排结果，体现出其存在的自我意识。披检《图画日报》的栏目内容，它创刊时即以“上海之建筑”和“上海著名之商场”，以“上海之建筑”介绍147个景点，以“上海著名之商场”推荐18处中外商场。这两个上海地景介绍专栏，与介绍其他国内与国外胜景的“大陆之景物”分庭抗礼。稍后又专立“上海社会之现象”一栏，以154个专题向世人陈述上海的人情风貌。从这些关乎上海的论述，能够看到作者群并不只满足于启蒙，而表明决定以上海风情作为主要卖点。

《图画日报》发刊之日，刊登一则“本馆征求上海建筑及商场”的布告：

> 本社每日于本报第八页，增绘上海之新建筑一门，如学堂、医院、公所、厂房、花园、局所、银行，以及各大商业，凡关公益之建筑，除由调查员随时摄影调查外，特恐挂漏万一，以讹传讹，如蒙代为

---

① 徐小蛮：《〈图画日报〉及其中的文化史料》，页44－45。吴忆伟：《〈图画日报〉“世界新剧”专栏之研究——以“舞台图像”为讨论中心》，《中国文学研究》第21期（2005年12月），页287－365。

② 《图画日报》第75号第8页“卖报人”中曾提到定价：“各式各样新闻纸，买张看看天下事；近来报纸喜渐多，越多越是开民智。图画日报图画精，分门别类眉目清；三个铜板买一本，翻翻看看真得清。”

> 介绍，即恳详示坐落，及建筑时代、建筑费用，以存真相，设能将房屋影片一并邮寄本社，俾得逐日摹绘刊登，聊尽提倡之微意。[①]

这个广告上说报社将根据摄影照片予以摹绘勾勒，在摄影照片价昂未能普及取用之前，是石印画报的主流作法。报社的选刊原则，一是“关乎公益”，二是“各大商业”，因此在第1期即同时规划“上海之建筑”和“上海著名之商场”两个专目，寓兼重公益与商贸的用意。《图画日报》原先设想，把公众建筑与营业建筑分别选刊，然而，“上海著名之商场”选刊了18家之后，在创刊的第三周，即被另一专题“上海社会之现象”所取代。

第1期的“上海之建筑”和“上海著名之商场”，分别介绍江苏教育总会和汇丰银行。《图画日报》的编者，在第1期选刊江苏教育总会和汇丰银行，相当具有代表性。江苏教育总会成立于废除科举之际，至1927年被强制解散，历时22年，它不单纯仅是一个教育团体，而是代表晚清士绅与社会、政治和文化层面多方牵连的活动力量。[②] 创办于1865年的汇丰银行，晚清时已是朝廷的最大债权人，金融及政商实力强大。这两张图片，绘者都是从正面入镜，从顶处飘扬的黄龙旗与汇丰银行行旗，到楼层窗台的分布，画出两处巍峨的气派洋楼，对比的意图极为明显。与现存的照片比对，绘者刻意把汇丰银行的比例画得较小。两个地点，一在城厢，一在租界，一为文化，一为商业。此一选择，巧妙地呈现出存在于晚清上海的二元风景线。

---

① 《图画日报》第1期第8页。

② 陈昀秀：《清末的江苏教育总会（1905－1911）》，台湾大学历史研究所硕士论文（2007）。

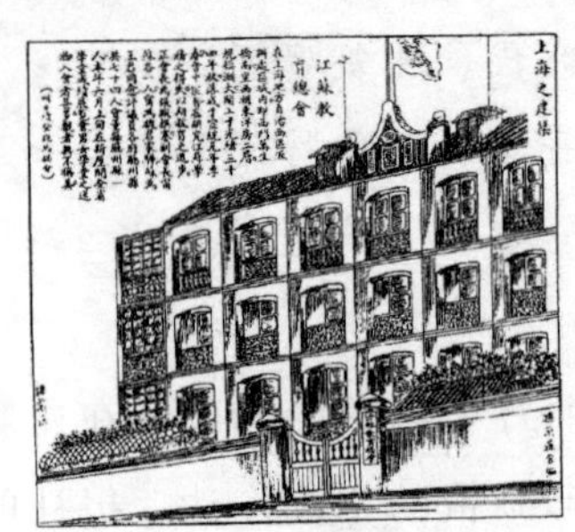

图 1　江苏教育总会（《图画日报》，1:2）

图 2　汇丰银行（《图画日报》，1:7）

类似的对比表现手法，在第 11 期及第 12 期接连出刊的“上海之建筑”，选择了英总巡捕房（即后来的工部局）和大清邮政总局，也可以明显观察得到。两幅图片都画出街角交会的高大楼房，前者是中国因租界制度而沦丧利权的代表，后者是中国刻意到租界去设置的官方机构，是试图伸张国权的指标。撰文者对于英总巡捕房的说明是：

> 上海英租界四马路河南路嘴，巍巍崇楼，红砖高耸者，乃公共租界之总巡捕房也。是屋建筑之佳，为全上海地方行政局所之冠。……此总巡捕房统辖英美各界九处分巡捕房，凡东至黄浦滩，南至洋泾浜，北至苏州河，西至山东路，一切保护地方及缉捕事宜，均隶属焉。……凡界内工务警务巡逻救人缉捕事宜，为总巡捕之职务，订有巡捕房职务章程三十项，立法甚完固云。

对于大清邮政总局的说明则是：

> 东西各国，于邮电两项，均归皇家特设，别国不

> 得于本国领土内，另设邮政，以挽本国之利益，见于万国邮政会专条。若中国于戊戌年前，邮政向由民间设局，名曰信局，散漫无稽，费巨误事，为全国病。嗣政府建议设邮政总局于上海北关后进，另设分局于通商大埠及各省城等处，惨淡经营，不遗余力。……该局房屋宽敞，规模宏大，且中国十八省各州县荒僻处，亦推广分局，以便交通，即甘疆云贵，无不可计站直达，异常迅捷，异常稳妥。……夫如是而各国于吾领土内设邮政之事，庶可逐渐收歇乎。

相较于英巡捕房的平铺直叙，大清邮政总局的内文则赞赏洋溢与激情昂扬，大有利权指日可复的气魄。

图3　英总巡捕房（《图画日报》，11:2）

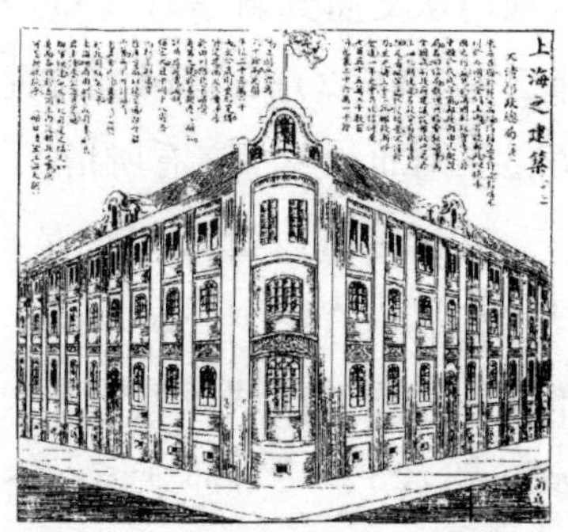

图4　大清邮政总局（《图画日报》，12:2）

统计《图画日报》编者收入的地标，147 处公共建筑之中有 40 处坐落在租界，比例为 27%，18 处商场则有 15 处位于租界，比例为 83%。就比例分配观之，编者有意强化其在第 1 期已崭露的“华界文政、租界商贸”的印象。华界部分，详细介绍城厢及南市各大小景点，至于离城厢及南市较远的华界区域，只挑选了一些代表建筑。其中，徐家汇地区因其明末以来的天主教文化底蕴且又紧临法租界，有五处地点入选，即：邮传部高等实业学堂（4∶2）、天文台（6∶2）、李文忠公之铜像（26∶2）、徐家汇天主堂（135∶2）及圣母堂（140∶2）。龙华镇则有龙华塔（32∶2）、龙华寺（58∶2）、龙华园（74∶2）和制造局分厂（146∶2），不过，前三者地址极近。县城南方的高昌乡介绍老高昌庙（101∶2）和制造局（105∶2），浦东则只有浦东巡警局（137∶2）。实地考察，位于城厢内的内园（5∶2）、邑庙湖心亭（7∶2）、城隍庙（46∶2）、萃秀堂（59∶2）、点春堂（62∶2）及淡井庙（123∶2）等六处地标，都在豫园附近，显示编者刻意放大华界地标可见度；而清节堂（34∶2）、总节孝坊（100∶2）及果育堂（131∶2）这三处嫠妇抚孤机构，都在城内西门从文庙到新学宫（33∶2）的教养动在线，与公共租界会审公廨（45∶2）和其附近安置脱逃妓女的济良所（109∶2），在方位上南北相望，意有所指。

晚清上海以逛公园或是付费参观私园，为主要的休闲活动。租界内有不少公园，位于外滩大桥侧的外国公园，因其不准华人入内的例禁而名气最大，《图画日报》介绍“外大桥公园”（8∶2），明言部分华人不守公德，招致全民被摒却门外的过程，笔端带有遗憾之感。稍后出刊介绍专供华人游憩的“新大桥公园”（23∶2），则云：

> 外大桥自建筑公园后，各国人皆可入内游览，唯中国人不与，当时旅沪粤宁各帮团体，咸抱不平，因由工部局决议另建一园专为中国人休憩之所，唯亭台花木、局面地势，较诸外国公园，似有相形见绌之势。园在苏州河南沿，新大桥东堍，地形狭而长，由

> 南面之总门出入。园中有铜制之日晷一，日晷两旁，有毛木覆茅之亭二。东北隅有洋式平房数间，为巡捕园丁栖止之所。种草皮及栽花木处，均绕以铁栏，间植桐柳各树，树下横列铁椅多张，任人杂坐，以西北隅为林荫稍密，特是规模既隘，点缀亦简，故游此者以劳动社会中人为多云。

这段文字之中，已隐含着民族情绪。从外大桥公园南行，紧密相连的大片草地上，置有纪念外国船难事件的“依的斯船断桅”（28∶2），再次则是耸立位于大马路与外滩交界的“巴夏礼铜像”（30∶2），在黄浦江畔贯穿成一条外人趾高气扬的风景线，让局促在苏州河侧的华人公园愈发显得猥琐不堪，难怪有体面者不乐前往。晚清上海的付费园林，于是因应而生。“海派园林”之中，规模最大者为张园，以面积广大而带洋风为号召，西北侧的徐园则以小巧精致的文风取胜。张园及徐园都在租界之内，华界人士在南市特别修建了“西园”（51∶2），以供游赏。

不过，对于华洋对比的现象，《图画日报》并不完全站在民族本位主义的一方。例如，编者对于构成上海城厢区域的县城，介绍丹凤楼（53∶2，小东门雉堞）、新西门（54∶2）、大境（67∶2，西门北城箭台）和振武台（77∶2，新北门雉堞）四个地标，都强调应该去除旧制，迎接革新。其中，新西门的文字最长：

> 泰东西各国专以利交通、去障碍为事，故市廛日盛，户口日多，商业日形发达。吾中国则否，上海为得风气之先，其间不乏开通之士，创拆城之议者，七

> 八年于兹矣。鉴于沪北之日臻兴盛，城内之迄无进步，实逼处此，欲拆此一夫可越之城垣，为振兴市面计，甚善策也。议将决，忽有多数之绅士居民，生种种阻挠之法，另立保城会名目，彼此争意见，至城墙欲拆不能，欲留不得之际，忽自圆其说曰，辟门以通车马，隐寓各平意见之和解法，是乃先有新西门之筑。……自此门竣工后，再辟小北门，新东门等，种种组织，赞成者半，鄙夷者半。今绘此图，不过为他日拆城后之纪念品而已。

作者批评守旧势力身处新时代而续建旧城墙的思维与行动，并且断言，为了发展经济，上海县城势必终将拆除。若将新西门与先前刊登的外大桥（25∶2，即外摆渡桥）作一对照，作者介绍外大桥：

> 上海浦滩英、美两界交界之间，有外大桥在焉。当光绪十年前，尚未建木桥时，行人须唤渡而过，颇不方便，后由工部局议建木质桥梁，以资交通……建造合度、工程结实，为中国各行省最大之桥。西人于交通一道，往往不惜投重大之资本，以抵于成者，岂特外大桥而已哉。

在行文遣词之中，隔绝内外的一方，不论规模与气度均显然远逊于沟通两界者。

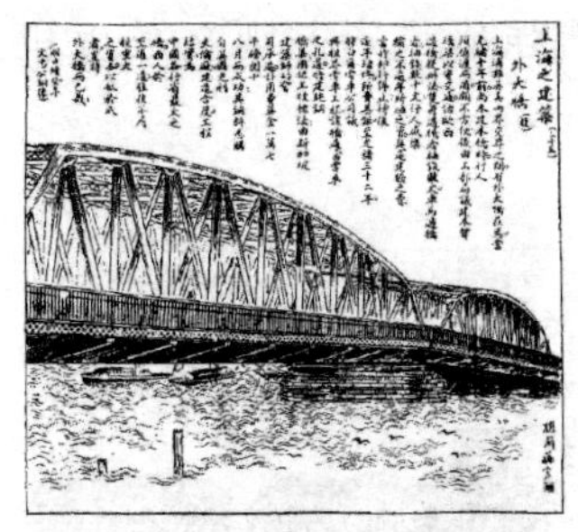

图5　外大桥（《图画日报》，25:2）

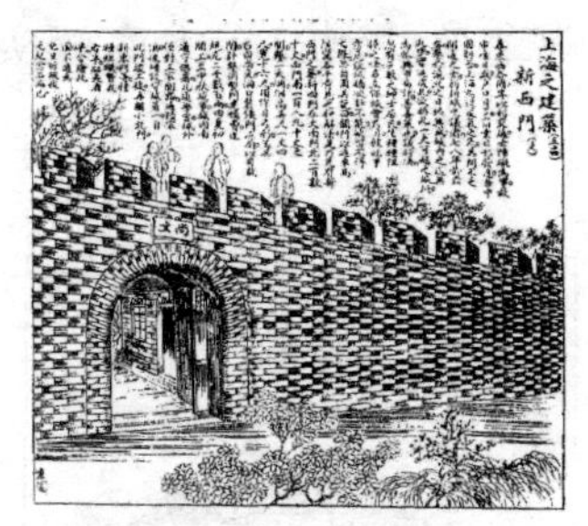

图6　新西门（《图画日报》，54:2）

提到洋人在上海的商贸金融及公共建设的重要指标建筑，除了汇丰银行、工部局和外摆渡桥之外，不能不提跑马场。第2期“上海之建筑”即介绍：

> 西商跑马总会，在静安寺路之跑马场，建筑甚精，除春秋赛马西人麕集外，平日若拍球角力，及操练西团，亦以此为燕息游憩地。有赛马俱乐部、卫生浴池等。……总会房屋亦高其闬闳，厚其墙垣，非常壮丽。说者谓西人办事，不特于游戏中寓尚武精神，且不惜经营缔造若是，无怪租界之一广再广，绝不稍遗余力也。

编者懔然于外力强横，随即于次日介绍商务总会（3:2），寄望华界商人之崛起，又继以邮传部高等实业学堂（4:2，即南洋公学）的学界新气象，作为平衡报道。商务总会期许其“联络各商、研究实业、维持公益、调息纷争”。邮传部高等实业学堂则称许其“全校计五百余人，派往各国留学者，计百数十人，亦云盛矣”。

把跑马总会与邮传部高等实业学堂的两份报道对比，都作远观全景绘制，洋方商贸实力固然强盛，华方则文教生机蓬勃，足堪匹敌。

图7　跑马总会（《图画日报》，2:2）

图8　邮传部高等实业学堂（《图画日报》4:2）

二、华界维新与商权利基

翻阅《图画日报》，晚清国人对于发展商贸文教事业的自信进取与乐观态度，令人印象深刻。在晚清上海的商战风潮之中，华商把店面开在租界，尤其是在洋商萃荟的英界洋场，例如老介福绸缎庄（2:7）、中法大药房（4:7）、埽叶山房北号（5:7）、邵万生南北货（12:7）、宏茂昌袜店（14:7）和阳羡宜今斋窑业公司（15:7），都在《图画日报》的“上海著名之商场”专栏之中备受推崇。值得注意的是，编者在取材时，对南市的信成银行（3:7）和新舞台（13:7）这两家在华界推动取用新式西法的经营商家，予以专文报道。其中，信成银行的说明是：

商业衰旺之原，视银行之挹注为标准。中国向日未有银行，当光绪三十二年春间，贝子衔镇国将军载振方任商部尚书，提倡商务甚力，商部顾问官无锡周舜卿观察，因禀准在上海创设商业兼储蓄银行，名曰信成，藉广交通而兴贸易。计股本先招洋银五十万元，续又添五十万元，共今成一百万元，于光绪三十二年四月初五日，先在上海北市自来水桥开办，分商业、储蓄两柜。旋建巨厦于上海南市万聚码头，为信成总行。而于北京骡马市大街、前门大街，无锡北塘财神街口均设分行，贸易日渐发达。所发行之钞票，有一元者、五元者、十元者，商民甚信用之。闻去岁结账每股官利得一分二厘，以后盈余，每年约可十万元。本幅所绘者，系南市之信成总行，其自来水桥之分行，当俟诸异日云。

新舞台的部分为：

上海十六铺桥南首，外滩马路，有新舞台焉，创议于光绪三十三年冬。发起人沪绅姚伯欣君，纠合同志，为改良戏曲，振兴南市市面起见，特设振市公司。集股兴办建筑之事，皆姚君力总其成，前无所师，用心颇苦。及三十四年八月工竣，特聘著名洋工程司评论该台工程，大加赞美，谓华丽虽不及欧西著名戏园，而建筑之坚固有过之而无不及。园分三层，悉仿西式，全园形式系腰圆式，地势使然也。戏台作半月形，台可旋转，下设机关，每出戏剧另布画景，加以五色电光，令人目迷五色，如身入景中，辟中国未有之奇，新看客之视线，办事人及茶房之招待亦极周到。男女异厕，女厕之布置亦极精美，有女茶房管理之。凡未纳十六铺内车捐之马车、洋车可直抵园门。至名伶之多，如夏月珊兄弟、小连生、七盏灯等数十人。所编新剧如黑籍冤魂、黄勋伯、新茶花各剧，无不绘色绘声，尽警劝之能事，诚为世道人心之助。该园建筑费计三万金，自开始至今，所获盈余至巨，孰谓南市之不可振兴哉？

图 9　信成银行（《图画日报》，3:7）

图 10　新舞台（《图画日报》，13:7）

信成银行是中国第一家商业储蓄银行，成立于 1906 年，是继盛宣怀创办中国通商银行之后，中国的第二家私人银行，前后总共实收资本 110 余万元，主营储蓄，并曾发行一元、五元、十元三种钞票，存款曾达 700 余万元。辛亥革命前后，该行为上海军政府的财政支出输纳较多，造成银根紧缺，加上所发钞票有清政府官员头像，流通不易，信用骤减，于 1913 年停业。新舞台虽引领风骚一时，但也不敌新式游乐场的兴起，于 1924 年拆除改建民房。① 当时阅读这两则商场报道的读者，很难预料辛亥革命之后上海南市市况竟然快速没落的命运。今日吾人回首过往，也很难想像晚清华界商人为何能有如此强烈的

① 信成银行资料见百度百科 http://baike.baidu.com/view/1328114.htm（2010 年 9 月 10 日），新舞台见中国百科网 http://www.chinabaike.com/article/sort0525/sort0521/2007/20070715141150.html（2010 年 9 月 10 日）。

自信？

晚清华界商人的强烈自信，从《图画日报》的报道自身可以找到线索。那就是在第1期刊在“本埠新闻画”的“曾少卿铜像巍巍”（1:12），与同期“当代名人纪略”的“两江总督张安帅（张人骏）小影”（1:3）合观，一位已故商董，与权势骄人的封疆政要并列为首刊人选。若再参佐“上海之建筑”专项之中，收入纪念人像作为地标者，在华为“李文忠公（李鸿章）铜像”（26:2），在洋为“巴夏礼铜像”（30:2），沪上商界领袖地位之崇，概可想见。再将“曾少卿铜像”和“李文忠公之铜像”并列，曾少卿的说明为：

> 上海已故商董曾少卿君因抵制美货一事，得享盛名，而商学界及各项慈善事业，亦热心提倡，无役不从，殁后数年，流风未泯。兹由沪上同人纠集巨资，倩沪南求新厂铸就紫铜质之遗像，约长六尺，闻造成后，拟安置于贫儿院前，以传流后世永为纪念云。

李鸿章的部分为：

> 我朝自定鼎以来，垂三百年，其间丰功伟烈、震烁寰宇之伟人，较欧美各洲为多，而铸像之举，独盛行于欧美，岂吾中国历代名人，其功勋不若西人哉？当19世纪间，中兴名臣李文忠公于一千八百九十六年六月，因奉命贺俄皇加冕，顺道游历英、德各国，德国克虏伯厂主为李公铸像，像身高九尺六寸，冠大帽，披黄马褂，佩剑，全身以纯铜铸成，饰以金皮，辉煌夺目，历久如新。光绪三十二年正月，厂主命上

海信义洋行满德君，言于李公哲嗣季皋星使移建此像于上海徐家汇丞相祠堂内，备中外人观瞻，即于是年正月二十八日行开幕礼。像身连云石座计高二十九尺有奇，铸像及石座费计德金七万数千马克，诚中国数百年未有之盛举也，兹将铜像颂词录下。

大清国太子太傅文华殿大学士一等肃毅伯李公七十四岁造像。

星宿有时陨，既下则光彩全无，英豪治世之功勋，历久而犹能昌炽，毕生谟烈，虽万代后，其事迹行踪尚丕焕不坠。

图 11　曾少卿铜像巍巍（《图画日报》，1∶12）

图 12　李文忠公之铜像（《图画日报》，26∶2）

曾少卿的文字虽少，全文盛赞其爱国行动影响深远，令国人心生感佩，自发铸像，置于小民同处。反观李鸿章部分，伟则伟矣，然其铸像来自国外。晚清民官之间的隔膜，可见一斑。

晚清商绅隐隐然对于政府当局不抱寄望，而有自行探求发展途径的想法。例如，《图画日报》第 35 期的“外埠新闻画”曾刊出一篇题名为《中国官场最新组织之运动公司》（35∶9）的报道：

> 近有某省官场中人，联络各处资本家，厚招股本，组织一种公司，名曰中国大利有限公司，专以集资捐官，共分红利为宗旨。总部设于北京，分部设于沪上，以期南北声息相通，所有一切招股章程及股东权利，悉照奏定商律有限公司条例办理。现虽实官已停，而捐升捐花样移奖等项，皆尚能设法办到。该公司计分上中下三等，以股份之多寡定等次之差别，每等由各股东公举一二人，充任代表，领凭到省。一切运动酬应等费，概由公司筹欵。如得委优差优缺，所进欵项，须按时汇交总公司存储。所有幕友家丁，统由总公司酌派，不准引用私人，以杜舞弊情事。每届年终由总公司开股东会议一次，所盈余利除公积酬劳外，按股份拨，其余一切章程极为详密，现闻入股者甚形踊跃云。

如果这则报道并非向壁虚构，清代的捐纳旧制，在朝代末期结合公司新法，发展到了集股经营的模式。即使有夸大之嫌，晚清上海商界势力庞大，官府也须让步三分，是官是商，其间畛域几泯失殆尽。于是，《图画日报》第 89 期以“商团公会”（89:2）作为上海建筑的地标，也是顺理成章：

> 上海南市施家衖商务分会内，为上海南市商团公会，由沪学会、商余学会、商学补习会、商业体操会、沪西体操会诸志士发起组合而成，会中各事亦由发起各会友担任，以各会非合一团体则不相联络，故特设是公会以坚团体，有事则教学相长，无事则守望相助。公举会员会长等，会长为李平书君，副会长为

> 张乐君、叶惠钧、王一亭君，评议员十人，干事员十人，会友暂定二百六十人，队长由教员选充，教员由各会公举，会费由各业担任劝募捐助，各会友不收会费，故近来组织甚完固云。

此则纪事，商界团结，共谋拓展华方利权的契机。其具体成果见于半年之后，华商成功争取美国实业团专程赴南市考察，商机大有可为。①

在《图画日报》的绘图及述事之中，编者指引读者关注上海华界的地景人文，也留下晚清南市商界维新的历史纪录。这些报道，有不少篇章成为日后编印各种形式的《上海指南》的取材来源。相较于习惯以租界作为上海发展指标的论著而言，《图画日报》提供了更为丰富的华洋对比与新旧交错的图像，或许更能贴近彼时彼地的历史情境。

三、华洋地标承继与变迁

从阅读史的角度而言，《图画日报》的编者群在取材时自其主张，他们强调“华界文政、租界商贸”的印象，也呈现晚清华界自信进取，迎接革新的努力。他们关注上海华界的地景人文，留下与强势租界分庭抗礼的历史，以及晚清华界在上海发展史的着力空间。

《图画日报》描绘上海地景的记事，在后续由商务印书馆编辑出版的《上海指南》之中多所引录，尤以各项公共建设和园林设施的说明，可以看到承继的痕迹。《上海指南》的出版

---

① 《美国实业团考察南市》，载《图画日报》第八册，页525－528。

用意在对旅沪经商者提供大量生活必需信息，对于易为视觉直接感受的图片，因其并非营销重点，只在书首刊登十数幅，聊备一格。不过，从这些为数不多的照片，也可以观察编者对于那些可以作为上海代表地标好恶抉择。在此以 1914 年、1920 年、1925 年及 1930 年的《上海指南》书首照片，列出明细及其出现顺序，如表 1 所示：

表 1

上海指南（1914）	上海指南（1920）	上海指南（1925）	上海指南（1930）
1 沪宁铁路车站	2 沪宁铁路车站		
2 公共租界南京路			10 南京路
3 公共租界市政厅	3 公共租界市政厅		
4 贫儿院	4 贫儿院		
5 交通部上海工业专门学校		11 商务印书馆总厂（宝山路）	9 东方图书馆
	5 李公祠		
		10 宋教仁像及墓（宋公园路底宋园内）	11 宋教仁像及墓
6 江海关	6 江海关		
7 天文台	7 天文台		
8 自来水塔	8 自来水塔		
			2 中央银行
			3 上海商会
			6 天下第六泉（静安寺）
			7 邑庙、豫园、湖心亭
9 味莼园			
	9 半淞园（高昌庙路沪杭车站东）	1 半淞园 2 半淞园	12 半淞园
10 愚园	10 愚园		
	11 六三园（闸北天通镇）		

续表

上海指南（1914）	上海指南（1920）	上海指南（1925）	上海指南（1930）
		3 小万柳堂（曹家渡） 4 小万柳堂	
		5 惠家园（漕河泾）	
		6 瓜豆园（龙华镇）	8 龙华
		7 两园（江湾路）	
		8 法国公园（辣斐德路）	
11 黄浦滩	1 黄浦江		1 黄浦滩公园
		9 苏州河（老垃圾桥）	5 外摆渡桥
			4 欧战和平女神碑
12 浦东			

通观各年份版本的照片，显而易见承袭了晚清对上海重大地标入选因素。公务或市政建设包括沪宁铁路车站、公共租界市政厅、江海关、天文台和自来水塔，园林有张园和愚园，文教单位贫儿院的前身为普育堂，交通部上海工业专门学校的前身为前清邮传部高等学堂。与人物纪念有关者，奉祀李鸿章的李公祠，延续《图画日报》的李文忠公铜像的选项。国民党掌政之后，这个项目改为宋教仁像及墓园，政治意味十足。

最值得注意的项目是"南京路"和"黄浦滩"的出现，这是上海地标从单独地点发展成为一条道路和一个区块的案例，单点扩大的结果，使能见度相应增强。这两个地标在随后出版的指南中屡次出现，不断强化其在上海城市景观上的重要性。

“南京路”和“黄浦滩”在上海城市景观在线的领导地位，并没有在1914年就马上确定下来。不过，由于原先在晚清时期颇受注目的其他地标，也没有能够继续抓住城市阅读者的目光，相较之下，租界风情则稳定成长。曾经引领风骚的张园和愚园，民国以后被位于高昌庙附近的半淞园抢去风采。又如，盛宣怀向汇丰银行借款350万建路，作为上海总站沪宁铁路车站，曾经被称为其建筑为全中国各铁路车站之冠，也在20世纪20年代后期以后失去领头地位。1930年版把豫园和静安寺再度登上版面，在某种程度上意味着重新提出晚清华界的地标焦点，但它与从外摆渡桥下至外滩到欧战和平女神碑的这一片西式风景线相较，豫园和天下第六泉的狭窄空间，让开阔的黄浦江畔地标群占尽优势。此时以十里洋场来称呼上海，已经能够为人所接受。

图13 黄浦江（《上海指南》，1920）

图14 半淞园（《上海指南》，1920）

图15 豫园（《上海指南》，1930）

图16 天下第六泉（《上海指南》，1930）

《图画日报》提供晚清上海丰富的华洋对比与新旧交错的图像，也大量呈现具有“进步”性质的市政建设地标，以及娱乐休闲的公共空间。这些关注上海华界的地景人文，留下晚清南市商界维新的历史纪录。这些报道，有不少篇章成为日后编印各种形式的《上海指南》的取材来源。

在上海持续发酵的华洋对比现象，其中或多或少牵扯着民族本位主义的感情立场。从《图画日报》对华界地标景观的叙述，可以看到国人对于发展商贸文教事业的自信进取与乐观态度，令人印象深刻。即使到了民国时期，外滩风景线已经成为营销海内的代表，本土地标依然占据部分目光。对比带来丰富与反省，汇成近代上海的文化基调，这一点从地标变迁上面充分反映出来。

报纸媒体与近代城市治理：以《大公报》与1917年天津水灾赈济为例

侯杰　李净昉

海河，被誉为天津的母亲河，是一条融合传统与现代文明的生命之河。她在川流不息中孕育文明，见证天津城市的历史发展。“九河下梢天津卫”，生动地道出了天津河网密布的地理环境特点。明清时期，贯穿天津，连接南、北运河的海河，不仅承担起向京城运送物资的使命，而且在海运中同样扮演着不可或缺的角色。

不过，对于海河两岸的城市居民而言，他们在得到滋养的同时，也常常遭受水患的威胁。因此，抵御洪水、赈济灾民、重建家园……既是生活在这里的人们生命经验的组成部分，也成为衡量近代天津城市治理的重要面向。

1917年，洪水肆虐全国，导致12省受灾，天津为重灾区之一。不仅政府和中外民间组织投入抵御水患，救助灾民的行动，《大公报》报人的密切关注和积极参与，更为赈灾行动注入新的血液和活力。天津的城市治理和公共空间的建构于是呈现出新的格局。本文在发掘报纸史料的基础上，结合历史档案，力求比较全面地揭示《大公报》在1917年天津水灾赈济过程中所发挥的历史作用，以及媒体在城市治理和公共空间建构等方面所扮演的角色。

一、建立灾情报道系统

1917年夏秋之际，华北地区遭遇特大洪水的侵袭。素有"九河下梢"之称的天津位于海河入海口，是永定河、子牙河、大清河、南运河以及北运河等五大河流入海的唯一尾闾，也是受灾最为严重的地区之一。从7月20日起，受夏季台风的影响，海河流域连续数日普降大到暴雨。据不完全统计，70条河流先后决口，600年来所筑堤坝全被冲毁。① 南运河等南部河流决堤，导致天津南部和西部被淹。② 滔滔洪水冲入天津城厢及租界一带，"侯家后、北大关、河北大马路水已及腹，灾民扶老携幼相率避难者络绎于途，已有惨不忍睹之象"，尤其是"大华街水深六尺，日本租界花园街五尺……华人方面淹死甚多……日租界一带将归全灭，现法租界大部亦已浸水，人心汹汹"。③ 入秋后，天津又连降大雨，海河西岸城区的积水深达1.8米。④ 仅天津城内即有灾民数十万人。⑤ 此次灾害可谓中国

---

① 参见刘宏：《外国人对1917年天津水灾的救援》，《民国春秋》2001年第6期，页30。

② 参见李明珠：《1917年的大水灾：天津与它的腹地》，《城市史研究》第21辑，天津：天津社会科学院出版社，2002，页399。

③ 《晨钟报》，1917年9月25日。

④ 天津市历史博物馆等编：《近代天津图志》，天津：天津古籍出版社，1992，页209。

⑤ 参见李文海、周源：《灾荒与饥馑：1840－1919》，北京：高等教育出版社，1991，页249。

北方“五十年来所未有”①。

关于受灾的严重程度，《大公报》记者称：“津沽水势之危险，未有如今年之甚者。环津各河，或已平岸，或竟上岸。低洼村庄盖已宛在水中央矣。”② 为了更加详尽和准确地反映灾情，《大公报》一方面随时刊登天津水上警察局勘察各河流水位变化情况的报告，另一方面派遣记者分赴各地调查水势及民众受灾情形。置身水灾现场的记者们争分夺秒地发回灾情报道：9 月 22 日，“侯家后河沿民房三分之一没入水中”；“浮桥北水至三条石大街西头，该处已断绝交通”；大王庙前“地势较高，避灾迁此者甚众”；“三条石一带全在水中，红桥一带已成泽国”。③ 甚至连津浦铁路的交通也因水势过大而被迫中断，以致“人货邮件咋均为未能按时到津”④。9 月 23 日深夜，南开一带已经被大水淹没。到次日下午，日租界四面钟附近，即《大公报》报馆门前，水深竟达 1 米左右；法租界一带也未能幸免。⑤

尽管报馆本身已面临水灾的威胁，但《大公报》的编辑、记者们仍竭尽全力汇集各方信息，克服种种困难，加快编辑、制版、印刷的进度，以便读者在第一时间掌握灾情。经过报馆同人的共同努力，一幅幅蕴涵空间、时间、受灾程度等丰富信息的水灾情势图逐渐清晰地呈现在读者面前，从而为政府和民间组织制定救援方案和采取赈济措施提供了重要依据。在快速、有效地搜集、传播信息的过程中，《大公报》凸显了自身

① 长沙《大公报》，1917 年 10 月 3 日。
② 天津《大公报》，1917 年 8 月 7 日。
③ 天津《大公报》，1917 年 9 月 23 日。
④ 天津《大公报》，1917 年 9 月 23 日。
⑤ 侯杰：《大公报与近代中国社会》，天津：南开大学出版社，2006，页 405。

作为新兴媒体所具有的独特优势。

继确定了受灾地区和受灾程度之后，急需采取切实可行的救援和赈灾措施。因此，有关灾民的人数、生活现状等方面的信息就显得格外重要。于是，《大公报》立即展开调查、统计。"南乡数十村暨各国租界漂没无余，人民弃妻抛子，颠沛流离，其状之惨，笔难殚述，实为数十年未有之浩劫。"① 据调查，津埠城厢内外男女老幼全数难民多达55 399人，而"其余被灾后寻亲觅友、租赁房间居住者，不在其内"。②

由于受灾面积较大，受灾人数众多，政府和民间组织的救援难免有力所不逮之处。针对这种情况，《大公报》不仅及时报告灾情，而且构建公共话语空间，动员人们积极参与赈灾。于是，报纸媒体参与城市治理的角色便凸显出来。《为灾民请命》，即《大公报》为呼吁人们同舟共济，为灾民提供力所能及的援助而专门刊发的。

> 本报窃愿尽其力所能及，宣布各处灾情，以辅官署调查之所不及，且代各处苦同胞呼吁于诸大仁人义士之前而求其拯援。尚乞各县人士或身受奇灾或目击惨状，迅将现在被灾之状况、善后之办法录赐本报，当为披露，呼求救济。不但本报之幸，被难同胞实拜其惠。③

这则启事言辞恳切，显示了《大公报》人的良苦用心。实际上，《大公报》呼吁灾难亲历者和目击者报告灾情、提供救

① 天津《大公报》，1917年10月15日。
② 天津《大公报》，1917年10月14日。
③ 天津《大公报》，1917年9月23日。

助的方法，既扩大了信息来源，方便就地、及时地帮助灾民，又有助于增强报道的说服力，从而获得更广泛的社会支援。

此外，《大公报》还随报附送《天津水灾难民图》，并特别提醒"阅报诸君幸注意焉"[①]，不遗余力地为民请命。《大公报》以这种直观的方式帮助各界人士感同身受地体会灾民的悲惨处境。由此可见，报纸媒体以其专业化、系统化的灾情报道和极富感染力的灾情描述，形成了强大的舆论、宣传优势，对天津赈灾起到一定的推动作用。

二、形塑舆论监督空间

早在《大公报》创办[②]之初，英敛之就明确指出报纸媒体应肩负起"政府监督"和"国民向导"[③]的双重责任。1917年，在突如其来的灾难面前，对于政府能否采取积极有效的措施抵御洪水，救助灾民，发挥城市治理的作用，《大公报》自始至终予以密切关注，充分履行了报纸媒体进行舆论监督的神圣职责。

1917年水灾发生时，正值北京政局急剧动荡，当权者于防灾、赈灾上投入的资源和精力是远远不足的，致使普通民众难以抵御天灾人祸的交相侵袭。面对民众苦不堪言的生存处境，《大公报》报人们认为有责任揭示灾难不断发生的社会根源，于是以《天人交迫》为题，旗帜鲜明地针砭时弊：

① 天津《大公报》，1917年8月22日。
② 天津《大公报》创办于1902年6月17日。
③ 英敛之：《天津日日新闻三千号祝词》，《也是集续编》，大公报馆宣统年间。页18。

> 直隶之大水灾可虑，四川之大弄兵可虑，辫军之大抢掠可虑，广东之大捣乱可虑，凡此种种可虑之端，皆为国家治乱安危之所系，而最先直接受损害者，实唯我侪小百姓。未知负利国富民之责者，亦能虑吾人之所虑而急谋所以挽救否？①

他们既表达了急民众之所急，忧民众之所忧的社会担当，又通过质疑和抨击当权者，行使舆论监督职责。因此，水利工程中的种种弊端都成为《大公报》鞭笞的对象：

> 直隶水患，历岁频仍。办理河工者向以偷工减料、吞款发财为职志。故国家岁糜巨帑，专员修治而溃决依然。人民之生命财产葬送于滔天大浸中者，奚啻恒河沙数？盖直接送于河伯之为患，间接实送于河工人员之手也。②

可见，对于这类出现在关乎国计民生的公共工程之中的徇私枉法、贪污腐败等时弊，《大公报》将矛头直接指向各级政府和官吏，明确指出他们对于民众饱受水灾之害负有不可推卸的责任。至于漠视民生的态度和行为，就更令人无法容忍了：

> 今罹于灾难者，固执成事不说之义，然而政府、官吏固依然对于民生漠不为念。彼曹所碌碌者如何以保全地位，增进私益，扩张党势而已。民生两字，岂

---

① 天津《大公报》，1917年8月11日。
② 天津《大公报》，1917年7月28日。

值一顾？呜呼！可怜哉，中华民国之民！[①]

《大公报》报人们也意识到仅靠批判并不能解决问题，还有待于提出富有建设性的防灾和救援方案。他们既将修筑堤埝作为当务之急，又强调“治本之道，要在整治河道，疏通沟渠，使天行虽酷，不能成灾。盖救患于已然，不若防患于未然之为得也”[②]。当9月下旬天津水势再度出现危急情势时，“官绅奔驰查勘、亟修堤埝、严禁开闸”，以防止城厢等地沦为泽国。对此，《大公报》指出，这种做法无异于“以邻邑为壑，使低下之区同赋其鱼之难”，提醒“仅遏其流而不治其本，则上流之水愈阻愈高，万一一蚁溃堤，全邑不堪设想，危险孰甚”，治本的办法应该是疏浚河道，“苟能宽其去路，则上流之水自能缓缓归槽”。[③]

洪水逐渐退去后，严冬来临，赈济数十万灾民便成为当务之急。人们通过“散放米面、施给棉衣、搭盖草屋及窝铺”，使灾民之衣、食、住暂保无虞。在动员人们实施慈善赈济活动的同时，《大公报》报人们的思考又更进一步，假如数量如此之众的灾民“永久仰给于赈济，非特难乎为继，抑且适以长惰”[④]，而“以工代赈”无疑是救助灾民、恢复生产的良法，于是指出：

善后之道，要在振兴各种工艺，使灾民得以自食其力，有恒久之生计。所谓以工代赈，其功较直接施赈尤巨也。望诸公其致力于此。[⑤]

---

① 天津《大公报》，1917年8月26日。
② 天津《大公报》，1917年8月10日。
③ 参见天津《大公报》，1917年9月23日。
④ 参见天津《大公报》，1917年11月16日。
⑤ 参见天津《大公报》，1917年11月16日。

《大公报》的舆论监督，在官方话语系统之外，开拓出一条更具公开性和透明度的信息渠道，并且进一步彰显了报人们积极投入危机处理、参与城市治理的决心和智慧。

三、携手民间组织共济世艰

天津乃华北地区工商业中心，商会、会馆、公所、同业公会等工商界团体不但数量较多，而且经济实力雄厚。富绅大贾、达官显贵等社会名流常常居住在这里；天津通商口岸身份的确立，又为中外宗教团体和组织立足中国、参与文化传播和社会改造提供了一定条件。在天津公共空间建立的过程中，不同背景的群体或个人都在努力争取发声的机会，亦同时透过交错叠加的社会网络维持紧密互动、共生共存的关系。这一点在社会慈善和社会服务方面表现得较为明显。对报纸媒体的生存而言，独立品格的保持和社会网络的建构都是必不可少的条件。因此，尽管突如其来的灾难打破了人们平静的日常生活和秩序，但是《大公报》仍坚定地与社会各界人士，特别是中外民间团体、组织保持较为密切的联系。

1917年水灾发生后，天津城乡出现了大量的灾民。“即以天津一埠而论，近乡来避水者已达十二万人，此外遭灭顶之凶、罹饿莩之患，尸骸漂流，难以殚论。”① 如何安置这些携家带口涌入津城的灾民？京畿水灾河工善后督办处采取了一些措施，例如在灾区开办593处粥厂、181处留养所；向长芦盐运司商借天津比租界旧盐坨搭建窝铺②；命令各道尹、县知事设

① 天津《大公报》，1917年11月4日。
② 《京畿水灾善后纪实》，卷十六。

立留养局，以解决“衰老幼弱灾民”的实际困难[①]等，但是仍无法满足现实的赈灾需求。在这种局面下，天津民间组织在赈灾中发挥了重要作用。对此，《大公报》十分关注，并且通过彼此之间的紧密互动与合作，共同推动慈善赈济，化解社会危机。

早在水患初期，天津红十字会就每日派出会员携款赴宜兴埠北河大堤督工，并及时通过《大公报》报告修堤进展情形。[②] 天津红十字会干事长卞月庭不仅屡发指示，派人携款督工，竣工之日还亲自前往大堤查勘。[③] 此后，为防止堤防决口，天津红十字会仍时常派人前往巡视，同警察一起日夜防护。9月初水势再涨时，天津红十字会庶务长赵善卿亲自“立于泥水之中，督同工程处、教养院约三百余人抬大米与黑豆，速为打埝”，确保了堤防的安全。[④]

《大公报》对于各地灾民向天津红十字会致送匾额、锦旗以表谢忱的消息，也及时予以报道。例如，杨柳青绅商及灾民代表伴着鼓乐，送来题有“万家生佛”字样的匾额一方，以昭义举。[⑤] 设在龙亭的“妇孺留养院”[⑥] 的妇女们靠手工编织赚得的钱制匾一方，感谢天津红十字会热诚为灾民服务，教养兼施之德。[⑦] 通过《大公报》的集中报道，天津红十字会以拯救饥溺为怀、不计较名利的公共形象逐步建立起来，从而在社会上赢得了极高的声誉。

天津各种民间组织、团体在救灾过程中的相互协作，是《大公报》着重宣传的方面。例如，天津商会从安徽等地购买

---

① 《京畿水灾善后纪实》，卷十六。
② 参见天津《大公报》，1917 年 8 月 30 日。
③ 参见天津《大公报》，1917 年 8 月 23 日。
④ 参见天津《大公报》，1917 年 9 月 2 日。
⑤ 参见天津《大公报》，1918 年 1 月 12 日。
⑥ 该留养院收纳了男女幼童300余名，教授各种课程、体操、习字等。
⑦ 参见天津《大公报》，1917 年 12 月 20 日。

了大量赈粮[1]，同时也帮助红十字会等团体向灾民施衣放粮，从而赢得天津旧城西南一带及海河葛沽镇北乡桃花寺一带居民的称赞。天津商会还协助直隶商业联合会草拟《布商借款保息办法十条》、《放纱收价办法》等，“较之以工代赈，尤为费省功多。”[2]

宗教界人士的倾力相助，为进一步争取国际援助，展开水灾赈济提供了组织、人力和资金上的保障。鉴于天津水灾造成的灾民、难民众多，天津多个基督教教会联合组建了天津基督教水灾赈济会。公推王厚斋为会正，天津基督教青年会总干事郝瑞满为英文书记，南开教员徐汇川为汉文书记。该会根据职能分为三股：（一）调查股：主任为新学书院校长戴洛仁（英）、南开教员徐汇川；（二）劝捐股：主任为斐太太（美）、蔡夫人、虞夫人；（三）赈济股：主任为军医学校校长全希伯、熊夫人、郝瑞满、戴洛仁等。值得关注的是，天津基督教水灾赈济会采用了十分新颖的筹款方式，即由新学书院校长戴洛仁把天津水灾难民的困苦情形拍成照片，再制成影片后，寄至欧美各洲，动员国际力量慷慨捐助。[3]

借助《大公报》，天津基督教水灾赈济会刊登启事，号召民众捐献旧棉被、棉裤及布料、棉花等，为灾民缝制棉衣、棉被等御寒物品[4]；又在天津基督教女青年会及仓门口教堂设立两处女工厂，每处雇用30名女工，为灾民赶做棉衣，以资御

---

① 天津档案馆编：《天津商会档案汇编（1912－1928）》，天津：天津人民出版社，1992，页1697－1707。

② 天津《大公报》，1918年2月1日。

③ 天津《大公报》，1917年9月17日。

④ 天津《大公报》，1917年10月20日。对此，《益世报》也有报道：“天津基督教水灾赈济会昨出通启劝募寒衣，大致凡有旧棉被、棉衣、棉裤以及布料、棉花等可为制棉衣、棉被之用者，皆所欢迎。如有慨捐上述诸□□，请移步至青年会天津基督教水灾赈济会，交会中执事云云。”《益世报》，1917年10月20日。

寒。[①] 此外，该会还对天津乃至整个直隶的灾情，以及分布于天津河北、西沽、河东、城内、西头和租界等地的灾民收容处进行了广泛调查。其调查结果指出，11月，灾民人数锐减，仍然有27 000余人留在天津。[②] 为了更好地安置灾民，该会又在种植园、水产学校等地修建了1 500间房屋，供灾民居住[③]；在河北新车站附近筑造房屋2 900余间，“将流离失所之灾民迁入居住，并随时散放赈济，以脱冻馁之苦而济灾黎”[④]。

天津基督教水灾赈济会除了肩负起为灾民提供住所、妥善安排灾民衣食等基本生活的重任外，还主动进行教育和疾病防治、卫生宣传等工作。该会强调：“自成立以来，一切设备次第实行，如建筑窝铺二千间及设立工厂均已工竣，俟灾民一入后，本会即负完全管理及教育之责。现已派员赴各处演说，并中外医士十数人赴各灾民住所疗治疾病，并有各校学生及本干事分任调查灾民一切实在之状况，以便速筹拯救之方。”[⑤] 该会卫生部西医麦大夫“近因被灾难民住所多有污秽之处，业经该会卫生员分往劝导灾民首重卫生而免传患疫病”，遂在天津基督教青年会讲演卫生要理。[⑥] 特别值得一提的是，天津基督教水灾赈济会甚至将河北新车站种植园所筑灾民住房及灾民痛苦情形，均做成模型陈列于青年会，以备华洋人士参观，捐助赈济。《大公报》的相关报道充分展现了该会的赈灾成绩，对于更广泛地激励和动员中外人士投身赈济事业产生一定的影响。

《大公报》还注意到，外国民间团体和组织在赈济活动中

---

① 天津《大公报》1917年10月24日。
② 天津《大公报》，1917年11月29日。
③ 天津《大公报》1917年10月24日。
④ 天津《大公报》，1917年12月7日。
⑤ 天津《大公报》，1917年11月3日。
⑥ 天津《大公报》，1917年12月14日。

也有出色表现。美国红十字会“捐募巨款，委任裴太太在美丰洋行赶做棉衣几千套，以备给予灾黎御寒之用”[①]。鉴于生产能力有限，“每日所出棉衣不过二百件”，不能解燃眉之急，该会不惜金钱，“函请天津基督教赈济会，宜多加人工赶造棉衣，多多益善”[②]。此外，该会在天津德租界开设难民营，灾民入住前要先经过体检，衣服要消毒，头发要剪掉或用火油清洗，每个人都拥有身份标签和配给卡，需接受晨检、洗浴和教育。从1917年11月13日到1918年3月31日，这所大约拥有1 000间棚屋的难民营，接纳了“4 800名由于长期受水灾和寒冷的侵袭已很虚弱的无家可归的最下层和最贫穷的中国人”。由于采用了军营管理模式，所以“难民营中只有一例传染病”[③]。

总之，有关天津民间组织赈灾的报道频繁出现于《大公报》，既表明这些组织对《大公报》的重视和信赖，也反映了该报的编辑、记者们具有敏锐的新闻嗅觉，能够深刻地洞察到民间组织在城市治理方面所发挥的重要作用，从而彰显了近代天津城市治理的内在丰富性。

四、结语

1917年暴发的这场水灾，“为津埠百年来所未有，非群策群力不足以遍拯灾黎”[④]。面对如此严峻的考验，报纸媒体、政府和民间组织相互配合，共同完成了抵御洪水、救助灾民以及灾后重建等各项重任，这说明近代天津的灾难防御、城市治理

---

① 天津《大公报》，1917年10月17日。

② 天津《大公报》，1917年10月27日。

③ 《美国国务院关于1910—1929年中国国内事务的档案》，转引自李明珠：《1917年的大水灾：天津与它的腹地》，页411－412。

④ 《益世报》，1917年10月2日。

乃至公共空间的建构是多种力量彼此商构、互相补充的结果。

应对和解决危机的迫切性，也在一定程度上打破了城市内部的空间区隔，甚至改变城市的环境布局。例如，天津的华界和租界虽然具有不同属性及其区域特色，但是却要共同面对突然降临的水灾及其蜂拥而入的灾民，共同担负赈灾事宜。鉴于洪水浸入天津所酿成之灾患至深且巨，遂有兴建天津围堤、海河及该流域重要河流裁弯取直、上游河流整修、使用新式闸口、兴建马厂减河等水利工程①，以提高泄洪能力。

众所周知，报纸媒体一般都会特别关注、报道灾难性事件，而此次水灾自然会被《大公报》等报刊媒体置于显著的位置。《大公报》不仅及时收集和报道灾情，而且积极发挥动员、宣传甚至组织的作用，扮演了较为独特和重要的角色。《大公报》提供了一个开放的信息渠道，为救灾、赈济助一臂之力，也加强了读者和天津社会各界人士的沟通与联系。参与1917年水灾赈济的政府、民间组织和个人，正是由于意识到报纸媒体具有不可替代的强大的辐射力和影响力，都充分利用《大公报》这一舆论平台，通过撰文、来函和发表公启等形式发声，在为赈灾出力的同时，也确立起自身的公共形象。

综上所述，《大公报》不仅扮演了国民向导、舆论监督的角色，而且进一步将报纸媒体的舆论宣传功能转化成一项项实际行动，为各项救助和善后工作注入了强大的能量，履行了报纸媒体的神圣职责，在社会上树立了良好的新闻典范，有效地参与了城市治理。

① 参见天津档案馆编：《天津地区重大自然灾害实录》，天津：天津人民出版社，2005，页25。

第二编　身心空间

民国时期北京城市宗教信仰的空间叙述

李孝聪

从1912年至1949年的民国时期，由于面对社会制度与形态的转型，对北京城市宗教信仰空间的影响是最为直接，也相当迅速。与前代传世文献相比，本文增加了关于北京庙宇的社会调查资料，包括对北京城区及四郊现存庙宇的调查和登记。利用这些第一手的调查材料对民国时期北京宗教信仰空间进行研究无疑具有极为重要的意义[①]。在这批材料中，包括北平研究院许道龄编辑的《北平庙宇通检》；北平市社会局1928年、1936年和1947年对北平寺庙进行的三次调查登记，1997年北京市档案馆将其整理出版了《北京寺庙历史资料》[②]；中国社会科学院考古研究所图书馆、首都图书馆北京地方文献部等收藏单位保存着20世纪中叶的北京庙宇调查材料；日本占领北平时期，也曾经对北京城的庙宇和会馆作过调查，留下一批资

① 以下资料的调查整理由毕琼经手，特致谢忱。

② 北京市档案馆编：《北京寺庙历史资料》，北京：中国档案出版社，1997。

料；20 世纪前半叶陆续印制的北京城市地图更直观地展现了各类寺庙的位置和分布。这些社会调查材料不只是记录北京寺庙的数量、位置和分布，而且提供了寺庙建筑的规模、庙产、住庙人数、人员类型，甚至寺庙之间关系的信息，这些基于庙宇在城市中真实状态的记录是王朝时代文献所不具备的。对研究民国时期北京城市宗教信仰空间来说，上述文献是一笔不可再生的、有时代记忆的珍贵史料。今天探讨民国时期的北京城市宗教信仰空间，应当充分利用这些社会调查记录，比对元、明、清王朝时代留下的京师寺庙碑刻与撰述文献，从而了解那些城市宗教信仰空间的命运和功能转换。

一、民国时期北京城市宗教信仰空间社会调查述评

现存民国时期有关寺庙的调查资料分为两大类，一类是由市政当局有关机构（如：内政部北平坛庙管理局、公安局、社会局等）进行的调查，另一类则是由北平研究院进行的调查。

（一）市政当局的寺庙调查

民国时期北京市政当局对寺庙的调查登记一共进行过三次。

1928 年 10 月国民政府内政部拟定《寺庙登记条例》，附发表格数种，开始了第一次官方组织的寺庙登记。1929 年 1 月国民政府又核准颁布《寺庙管理条例》，以加强对寺庙的管理，推进登记工作。这一条例不仅对涉及登记的有关事项作出规定，还对庙宇兴办公益事业作出明确要求，规定“寺庙得按其所有财产之丰绌，地址之广狭，自行办理左列各项公益事业一种或数种”。这些公益事业包括各级小学校、民众补习学校、

夜校、图书馆、阅报所、育婴所、贫民医院等。[1] 这种做法旨在推动寺庙利用其建筑空间为社会公益服务，同时也能起到以庙养庙、增加收入的效果，此条例与清末新政时提出的“庙产兴学”思想一脉相承。这项条例的颁布导致民国时期北京城内很多寺庙（宗教信仰空间）改建成学校或让出一部分庙产土地用于社会公益。

同年12月，鉴于部分宗教界人士的反对，国民政府行政院出台新的《监督寺庙条例》取代了《寺庙管理条例》，即从政府直接管理寺庙，转变为对寺庙管理的监督，但是对寺庙的登记仍然继续。由于在《监督寺庙条例》第十二条中明确规定：“本条例于西藏、西康、蒙古、青海之寺庙不适用之。”[2] 因此第一次对北京城寺庙的登记中属于喇嘛教的寺院多未登记在册。

民国时期的第二次寺庙登记开始于1936年。国民政府内政部制定新的《寺庙登记规则》，北平（1928年北京改称）寺庙调查登记由北平市政府社会局执行。据1936年1月21日《北平市政府为检发内政部寺庙登记规则致社会局训令》载：1928年的寺庙登记“各省市因种种关系，多未能完全举办”，故此次登记要求“各省市无论已否依照寺庙登记条例办理，应将辖境内所有寺庙一律从新总登记，限于民国二十五年六月底以前为第一次寺庙总登记完毕之日”[3]。所以，1936年的寺庙登记也被称作是“第一次总登记”。登记的内容包括寺庙人口、

① 北京市档案馆编：《北京寺庙历史资料》，北京：中国档案出版社，1997，页2－3。

② 北京市档案馆编：《北京寺庙历史资料》，北京：中国档案出版社，1997，页7。

③ 北京市档案馆编：《北京寺庙历史资料》，北京：中国档案出版社，1997，页8。

财产、法物三类，规定“寺庙登记之举办，分总登记及变动登记二种。总登记每十年举行一次，变动登记每年举行一次”[①]。与1928年情况相似，在新的《寺庙登记规则》第十三条中再次明确：“本规则于天主、耶、回及喇嘛之寺庙不适用之。”[②]这样一来，1936年寺庙总登记册中天主教、基督教的教堂、伊斯兰教之清真寺和喇嘛教寺院仍未登记在册，应当也包括与之相关的土地、建筑物等宗教信仰空间。

在经历八年抗战和政治动荡之后，全国寺庙的变化非常剧烈。诸如：庙址迁移，土地、建筑争持纠纷迭起，甚至有以累代古刹视为私有，将多年庙产盗卖无存。而且距离前一次登记已有10年之久，于是1947年开始进行第三次寺庙登记工作（也称“第二次总登记”）[③]。但是有关此次登记的档案资料经北京市档案馆整理，仅发现了91份原始总登记表和录有728座庙宇资料的《第二次寺庙总登记收表及审核调查簿》一册。

1997年北京市档案馆将上述调查登记簿汇编成《北京寺庙历史资料》予以刊布，成为研究北京宗教信仰空间的必备工具书。在使用过程中尚需要注意以下几点：

第一，从提供信息的详细程度上讲，前两次（1928年、1936年）寺庙登记资料的价值更高一些。

第二，寺庙登记册中不包括喇嘛教、回教、天主教等

① 北京市档案馆编：《北京寺庙历史资料》，北京：中国档案出版社，1997，页10。

② 北京市档案馆编：《北京寺庙历史资料》，北京：中国档案出版社，1997，页12。

③ 《北平市民政局举办第二次寺庙登记缘起》：“查部颁寺庙登记规则之规定，寺庙总登记每十年举行一次，本市为元明清历代都城，寺庙之众，甲于全国。民国二十五年曾举行第一次总登记在案，现已十年届满，中经事变，情状迁移。控诉、争持、纠纷迭起，甚至有以累代古刹视为私有；多年庙产盗卖无存；而对于法令规定之应尽职责，永未遵行；应办事业毫未兴举，实非所以守法令重宗教也。”参阅《北京寺庙历史资料》，页24。

资料。

喇嘛教寺庙主要由蒙藏事务管理委员会进行管理，中国社科院考古所图书室保存有《京热四十庙住址册》抄本一册[①]，抄录了京师和热河（今河北承德）的四十座喇嘛教寺院名称与位置。天主教、基督教的资料可以检索北平沦陷期间，在1938年撰写的《北京地方维持会第五组报告》，其中有根据民国七年（1918）统计的北京城内外东正教修道院、天主教礼拜堂、基督教耶稣堂的数目、处所，以及各自信徒人数。回教的资料则由各清真礼拜寺分别自行掌握。

第三，寺庙登记中不包括清代列入祀典的皇家祠庙。

首都图书馆北京地方文献部收藏有抄本《北平市坛庙调查报告附整理办法》一册，是1934年5月17日内政部北平坛庙管理所对北平城内"有清列入祀典之京畿各坛庙专祠"共计9坛、16庙、19祠的调查情况表并附管理办法。由此可知，清代遗留的祠庙是由北平坛庙管理所进行管理的，亦不在寺庙登记之列。[②]

第四，1997年刊布的《北京寺庙历史资料》中收录的分别是警察局（1928）和社会局（1936，1947）两个机构的调查材料，除此之外的一些政府部门还出于各自需要曾经对北京寺庙进行过登记。由于不同部门在调查中侧重点有所不同，统计数据存在较大差别。因而对不同材料关于寺庙总数的统计不能简单进行比较，而应根据其调查主体进行区分。正如《古迹名

① 该书在王灿炽《北京史地风物书录》中被记为《京师四十庙住址册》。

② 北平市管理坛庙事务所，初名为坛庙管理处，隶属于北洋政府内务部礼俗司。1928年改名为内政部北平坛庙管理处，隶属于南京国民政府内政部，后又改名为北平坛庙管理所。该所负责管理天坛、地坛、孔庙等19处坛庙，各坛庙设事务员负责管理。1935年该所拨归北平市政府管辖，并改名为北平市政府管理坛庙事务所。七七事变后，改名为北京特别市公署管理坛庙事务所。1945年日本投降后，由北平市社会局接管，改名为北平市管理坛庙事务所。

胜·北平寺庙调查》（抄本）的作者在序言中写道："日前北平社会局调查全市庙产统计，共为一千九百余处，而公安局户籍室据各警区报告，全市庙宇为一千六百九十二处……盖因社会局所查乃是庙产，而公安局所查确为庙宇。"① 说明民国时期不同机构对庙宇的统计有不同的操作规则，尽管很多调查报告中都给出了北京寺庙的总数，但是如果不对其复杂的统计参数加以说明，是很难让人信服和放心的。

（二）学术研究单位的寺庙调查

民国时期北平的学术研究机构也曾经作过寺庙的调查，主要是北平研究院的工作。北平研究院是1929年9月9日国民政府在北平成立的地方性学术研究机构，隶属于教育部，下设理化、生物、人地三部，有物理、化学、地质、历史等9个研究所和测绘事务所。抗日战争时期，除镭学所外均迁往昆明，光复后，除生理所暂设上海外，其余各所仍迁返北平。1949年10月，北平研究院为中华人民共和国中国科学院接管②。北平研究院寺庙调查工作集中在1929—1937年和1945—1949年两段，其调查材料应留存在后来的中国科学院。

北平研究院的史学研究会（以下简称史研会）在成立后曾有计划撰写北平志，庙宇志是其中重要的一部分，出于学术研究的需要，展开了北平寺庙的调查活动。其工作概况见民国二十五年（1936）九月《国立北平研究院院务汇报》第七卷第五期的《史学研究会工作报告》：

① 秋生著：《古迹名胜·北平寺庙调查》，抄本一册，系《北平日报》自民国十八年（1929）六月七日开始连载的12篇有关北京寺庙调查文章的合集，藏首都图书馆北京地方文献部。作者在序言中讲道："北平市社会局前有平市寺庙之登记调查，北平市建设繁荣委员会又有寺庙古迹之清查……在下从事调查以来，幸赖各方函电相告又加以搜罗故都各书以为参考，所以巨细无疑，均经亲往查视。"

② 大唐网 http：//info. datang. net/G/G1415. htm.

> 关于庙宇志之编纂，前经赴各庙绘制地图，抚拓碑文，摄取庙貌，记录概况。过去一年，即系赓续上项工作。并为着手编撰计，分为下列三项工作：（一）原有材料之整理与校勘，由张江裁、许道龄、刘厚滋担任。（二）继续实地精密调查，由吴世昌、张江裁、许道龄担任。（三）关于庙宇志之专题研究及各庙专志之编辑，由吴世昌担任。今后对于北平庙宇志之编撰，拟一面整理既得材料，一面着重关于佛教及庙宇之专题研究。盖因国人对此项学术素少研究，动辄牵涉极专门而从未解决乃至从未发现之问题。若不先事研究工作，自难编述正确真实之志书也。[①]

北平研究院的史学研究会的先期成果是《北平庙宇碑记报告》（1930—1932）和《北平金石目》（1934）。此后的工作转移到整理材料和专题研究方面，1936 年出版了《北平庙宇通检》（许道龄编）、《北平庙宇碑刻目录》（张江裁、许道龄合编）、《北平东岳庙碑刻目录》（刘厚滋编），准备出版尚未付印的有吴世昌著《法源寺志》、刘厚滋著《法源寺金石图志》等。尽管有日本侵占北平和内战的困扰，《北平志》未能如愿修成，但是 1943 年张江裁刊刻了《北平庙宇征存录》、1946 年刘厚滋出版了《法源寺金石志录》，1950 年以后许道龄先后发表《北京佛教之传入及佛寺之发展》、《北平喇嘛教之传入及喇嘛庙之发展》等专题研究。这批资料和研究成果是探讨民国时期北京城市宗教信仰的基础。

中国社会科学院考古所图书馆收藏的《北平内外城庙宇

① 《国立北平研究院院务汇报》第七卷第五期，国立北平研究院编印，民国二十五年九月版，页 73，收藏于中国科学院图书情报中心。

册》、《北京庙宇调查资料集览》、《北平寺庙概览》和首都图书馆北京地方文献部收藏的《北平寺庙调查一览表》、《北京庙宇征存录》、《北京市少数民族暨寺庙分布图》，这批资料大部分与当年北平研究院调查的延续有关，略作介绍如下：

1.《北平内外城庙宇册》（以下简称为《庙宇册》）

中国社科院考古所图书馆藏，油印本，一册。按照庙名、看守人、地址、附记四个栏目，记载了内城六区和外城五区共计 862 处庙宇的情况①。其价值在于是一份完整的、按照城区顺序编排的民国时期北京城内庙宇调查资料，准确的地址有助于在地图中定位，看守人的身份有助于从庙宇的属性方面进行分类研究，特别是记录了寺庙间的上下院关系，有助于研究民国时期北京庙宇的分布。

由于《庙宇册》含有较多的错误。经常出现栏目与内容串行，一些不是庙宇的建筑被误入其中，一些内城庙宇误登在外城庙宇册中，还有一些重复抄录的现象。另外，外城的记载简略，内城的记载比较详细。如：内城记录某寺为某寺的下院、庙内在当时所居何人、是否有商铺租用。绘图、勘查、照相等情况也仅见于内城庙宇册，外城庙宇册不少庙的附记括注“未画”、“未去”、“未照”等字样。从这种详略不均的情况上看，《庙宇册》很有可能是北平研究院调查时的一个工作底本。

2.《北京庙宇调查资料集览》（以下简称为《资料集览》）

中国社科院考古所图书馆藏，油印本，一册。封面有：“中国科学院考古学研究所调查，北京文物整理委员会编印，一九五零年十月”字样。《资料集览》为纵列表格形式，按照

① 笔者按：因为该册中将“北平外城庙宇册”的部分放在前面，故导致编目人员将“北平外城庙宇册”当作了整册的总题名，其实有关北平内城庙宇情况的“北平内城庙宇册”附在外五区之后。

民国时期的城市分区对表格进行切分，每张表格的抬头都写有“北京市×城第×区庙宇调查资料清册”。表格分8大项、11小项，分别是：编号、名称、地址（街巷与门牌）、方向、拓片（碑铭、年代、张数）、照片、平面图、记录。共记庙宇891座。经与《庙宇册》对照，《资料集览》中所收庙宇在排序上几乎完全与《庙宇册》相同，略多不过30座庙的资料。比对“地址”一栏，两者的内容也相互一致的。

《资料集览》有两部分内容最有价值：其一是“方向”对寺庙山门朝向的记录，帮助我们了解北京庙宇的选址规律；其二是“平面图”，寺庙被绘制成比例尺为1∶200、1∶400或1∶500的平面图。① 将《资料集览》与《庙宇册》中的资料逐一核对可以清楚地发现两者之间存在显著的联系。《资料集览》中的庙宇数量多于《庙宇册》，且多出的部分通常排列于该城区表格的末尾，说明这部分庙宇或为编者根据其他材料所增补；《庙宇册》内城各区附记有“未画”字样的庙宇在《资料集览》的“平面图”一栏中也为空白，恰好说明后者是以前者为基础进行的整理。这有助于通过《资料集览》将《庙宇册》中相关部分补充完整。

3.《北平寺庙概览》（以下简称《概览》）

中国社科院考古所图书馆藏，钤有“北平研究院史学研究所图书”章，刻印本晒蓝，一册。其内容分为内城、外城和东、西、南、北四郊六个部分，每页均为13行9列的表格，

① 据徐苹芳先生讲，《资料集览》的作者北京文物整理委员会就是国家文物局文物研究所的前身，简称“文整会”。建国之初，其主要工作是修缮古建筑，因此整理了很多古建筑的资料。《资料集览》应该是在民国北平研究和调查的资料基础上整理而成的有关庙的部分。当时徐先生还是燕京大学的学生，也曾参与其中，调查并绘制了海淀区庙宇的地图。这批图纸及其他材料应该还保存在中国文物研究所内。

栏目分为：庙名、类别、地址、住持法名或管理人庙主姓名、僧道数目、本庙殿宇及附属土地房屋数目、神像礼乐器及其他法物数目、公建、募建或私建、建立时代、兴办何种公益事业、批准登记年月日、曾否领照、备考等13栏。经过统计共记庙宇957座，城内570座，四郊387座。其中内城334座、外城236座、东郊84座、南郊88座、西郊134座、北郊81座。最早批准登记年月是民国十九年（1930）五月二十一日内六区北月牙胡同慈慧寺，最晚批准登记年月是民国二十四年（1935）五月八日外二区粮食店火神庙，因此《概览》成书的时间和北平研究院进行寺庙调查的时间吻合，应该是根据登记原件整理的成果。

《概览》"庙主"一栏中反映不少庙主同时管理几座庙宇，例如：白云观第二十一代方丈陈明霦也是内三区宽街7号关帝庙、外三区太阳宫和玉清观、外四区关帝庙和皂君庙五座道庙的庙主，由此可以推定，这五座庙可能是白云观的下院或别院。庙主姓名还显示僧、道、尼寺皆由带法号的住持管理，民庙的庙主大多由普通人、会馆或商铺担任，其中还有女性。绝大多数寺庙里的僧人道士数目均为一两人，反映民国时期遍布北京全城的寺庙神职人员的数量远不及人们想像的那么多，而殿宇数量在10—30间的寺庙占大多数。

4.《北平寺庙调查一览表》（以下简称《一览表》）

首都图书馆北京地方文献库收藏，原本不见，只保存复印本。原本应当是民国时期的一份调查材料。以表格分为庙名、沿革、殿宇、神像、金石、教派、地址、备注等8栏，记录了450座小型庙宇的名称、来源、殿宇数量、神像种类与数量、器物铭文、教派、地址和庙宇性质。这份调查材料并非按照北平城区的顺序排列，而是按照庙名笔画顺序排列。记载年代最晚的是通教寺“民国三十四年重修”，说明此调查表的完成应在1945年至1949年之间。而从表中出现大量简体字（关、观、龙、财），不排除中华人民共和国建立后由首图或其他单位根据原稿重新抄录的可能。

《一览表》的价值有三个方面：第一，450座庙中规模为一间殿、一进殿的小型庙宇在300座左右，占总数的2/3，其余为二进或三进殿的中型庙宇；第二，金石一栏收录了所有见于庙中的铁罄、铁钟等法器上的铭文，有助于推定庙宇始建或重修的年代，而不见于其他民国时期调查档案；第三，神像一栏记录庙中崇祀的各种神明，充分展示了民间小庙的多元崇祀特色。这些北京小型寺庙具有的特点，揭示出民国时期北京城市宗教信仰并都不集中在名寺巨刹空间内。

5.《北京庙宇征存录》

张江裁著，收录于《中国史迹风土丛书》第一辑，民国三十二年（1943）五月东莞张氏拜袁堂校印，中国风土学会刊行。该书基本上是将《北平内外城庙宇册》中庙名、地址、看守人、附记四个部分依次连缀编辑而成，共记庙宇859处，虽然因刻工排版粗糙，出现多处错误，但是《庙宇册》中缺失的内六区编号50以后的10座庙宇：灵官庙、佛堂庙、关帝庙、五圣庙、玉钵庙、阐福寺、皂君庙、雨师庙、双吉寺、三圣祠的资料，均可用其补充在同一页里。

6.《北京市少数民族暨寺庙分布图》

首都图书馆北京地方文献部藏，1954年北京市人民政府民政局绘制。该图分左右两部分，左为北京城郊少数民族和寺庙分布图，右为北京城内少数民族和寺庙分布图。图下方附说明、图例，绘等高线，城内图幅的比例尺为1:15 000。此图将回、满、蒙三个少数民族在城中的分布用圈形符号标在街巷胡同之中，又用立面图例标示佛寺、道观、喇嘛庙和清真寺的位置。图中共计绘有佛寺83座、道观7座、喇嘛庙12座、清真寺33座。文字说明记录了东郊、海淀、南苑、丰台、石景山、京西矿区在内的全市僧庙442座、尼庙100座、道庙61座、清真寺65座、喇嘛庙32座，这个不足700的统计数字较之民国时期或清代的寺庙规模，显然大为缩减。

从民族分布上看，满族、回族几乎散居于北京全城，人数较少的蒙族只集中在围绕雍和宫、嵩祝寺、普渡寺等几座喇嘛庙的周围，北京外城没有分布。图中仍能看出受清代八旗居址的滞后影响，内城满族的分布远远多于外城；外城有满族居住的街道往往是距离内城城墙不远的长条区域、通向几座城门大街的两侧以及原来的八旗营房等几个地区；内城旗人聚集在北部、西北部和南部靠近城墙的位置，反映民国时期满族在城市生活中渐趋边缘化的事实。回族则散居在全城，并在外城牛街、花市和内城朝阳门内路北形成三块聚居区，清真寺也集中这个区域，而且男、女寺成对出现，并多伴有回民学校。

显然，北京城市民族分布的地域性与代表其各自宗教信仰的寺庙分布在空间上是重合的。

二、民国时期北京城市宗教信仰的空间叙述

利用传世北京文献史料和古旧地图，结合现存民国时期北京庙宇调查材料，可以从历史地理学角度分析北京城市寺庙的空间分布规律与建筑结构特征，从而认识北京城市宗教信仰空间在数百年来经历了怎样的发展变化。

（一）民国时期北京宗教信仰空间的数目

中国在专制王朝时代，老百姓没有地方能够集会，能够交

流的公共空间庙宇是其中之一，无论遇有祭祀仪典，或不同时令，百姓都可以随便进出，在庙宇里人们可以进行交流，所以庙宇可以视为市民共享的公共空间。北京城里庙宇之多，绝不逊于欧洲城市里的教堂。所谓庙宇，并不限于佛寺、道观等狭义的理解，而是泛指过去年代所有的宗教信仰祭祀场所。包括国家或儒家礼仪祭祀场所的祠、坛、殿，佛教的寺、庵、院、阁，道教的宫、观、庙，伊斯兰教的清真礼拜寺，清朝满族人的萨满教堂子，以及从西方国家传入中国的天主教、基督教和俄罗斯的东正教教堂等，所有这些有特定场地作为祭祀信仰活动的场所，本文都用庙宇涵盖。

据不完全统计，截至 1929 年，北京城内有文献档案记载或建筑基址可考的宗教信仰活动的场所数目是 1621 座。在清朝京城内各区的分布是：皇城内 103 座；内城东城 503 座，内城西城 499 座；外城 516 座，共计 1621 座。其中，属于儒教的坛、祠有 52 座，佛寺 712 座，道观 689 座，清真寺 29 座，萨满教堂 6 座，基督教教堂 38 个，天主教教堂 12 个，东正教堂 5 个，当然还有一些庙宇类型不好确定。

北京庙宇中值得注意的现象是，关帝庙最多，共 116 座，其次是观音大士庵，共 108 座。关帝庙还应包括崇祀关帝而用别称的其他庙宇，例如：红庙、白庙，也都是关帝庙，只是外墙的颜色不一样；另外，伏魔庵奉祀的“伏魔大帝”也指关帝，亦属于关帝庙类，共有 26 座。如果对比明代史料，明代沈榜编著《宛署杂记》中记载明北京城内的关王庙只有 20 座，可见清朝的关帝庙数目剧增。原因何在？清朝立国之初，为稳定局势，国家需要树立一个维护正统的神祇形象，以减少异端淫祀。树立谁呢？当然是中原百姓心目中最尊崇、最没有地域限制的武安王关羽。清政府知道大多数汉人，特别是南北商人，敬重关公的忠义为人，无论京城或地方上的行业会馆、店铺皆供奉关公为行业神。于是，清朝将关公从“武安王”晋升为“三界伏魔大帝神威远镇天尊关圣帝君”，诏令全国各地普遍修建关帝庙。由国家来塑造正统崇祀，伴之有法律约束力的规定，导致全国城乡关帝庙数目剧增。而且，关帝还被请进佛教寺院，佛寺里普遍建造关帝殿奉为守护神。这样，不仅大部分庙宇里都有关帝之供奉，而且单独的关帝庙也如雨后春笋般在北京城内外涌现。

（二）寺庙建筑布局轴向反映的问题

辽、金、元时代在北京旧城区内建造的庙宇，如：孔庙、柏林寺、万福寺、保安寺、大圣寿万安寺、大庆寿寺、崇国寺、崇贞万寿宫、崇恩观等，都是坐北朝南，建筑轴线相当规范，有时代标志。明朝的很多寺庙沿用元代庙宇旧基。除了一些大寺，如白塔寺、护国寺、隆福寺的建筑规模打破了两条胡同的间距，其他大部分寺庙都未超出两条胡同之间的宽度，而且是标准的坐北朝南的建筑轴向。

坐北朝南是中国古代建筑经常要遵循的礼制原则，也代表了王朝时代的法统观念，这一原则起源于帝王都城宫殿世代相因的建筑朝向，并由此而产生的“面南而王”的传统。庙宇当然也需要依从皇家法统而选择坐北朝南的建筑轴向，尤其是忽必烈命刘秉忠规划元大都城的时候，寺庙的选址和建造一定会受到大都城规划的限制。从元明清三代北京城内的敕建或官修寺庙不难看出，绝大多数都最大限度地遵循着位于街道胡同路北，寺庙山门南向、坐北朝南安排殿宇的空间布局与建筑原则。由此还可以进一步推知，民国时期北京内外城大量出现的小庙宇，庙门朝向、建筑轴线未遵从坐北朝南的传统，可能都属于清朝中叶以来，不择地而建的民间私修庙宇，往往破坏了北京城庙宇建筑原有严整的规律。

我们对《北京庙宇调查资料集览》中登记的庙宇朝向进行了统计。

表1　民国调查资料中庙宇朝向分区统计

区＼朝向	东	西	南	北	总计	区＼朝向	东	西	南	北	西南	总计
内一区	2	9	29	13	53/69	外一区	3	10	22	10	1	46/47
所占百分比（%）	3.8	17.0	54.7	24.5	76.8	所占百分比（%）	6.5	21.7	47.8	21.7	2.2	97.9
内二区	17	8	27	5	57/63	外二区	10	10	27	14	0	61/62
所占百分比（%）	29.8	14.0	47.4	8.8	90.5	所占百分比（%）	16.4	16.4	44.3	23.0	0	98.4
内三区	11	8	58	17	94/106	外三区	6	8	49	12	0	75/78
所占百分比（%）	11.7	8.5	61.7	18.1	88.7	所占百分比（%）	8.0	10.7	65.3	16.0	0	96.2
内四区	25	11	68	13	68/132	外四区	20	3	43	7	0	73/80
所占百分比（%）	21.4	9.4	58.1	11.1	58.1	所占百分比（%）	27.4	4.1	58.9	9.6	0	91.3
内五区	16	12	87	7	122/133	外五区	16	8	24	6	0	54/60
所占百分比（%）	13.1	9.8	71.3	5.7	91.7	所占百分比（%）	29.6	14.8	44.4	11.1	0	90.0
内六区	10	7	32	4	53/61							
所占百分比（%）	18.9	13.2	60.4	7.5	86.9							
总计	81	55	301	59	496	总计	55	39	165	49	1	309
所占百分比（%）	16.3	11.1	60.7	11.9	100.0	所占百分比（%）	17.8	12.6	53.4	15.9	0.3	100.0

注：表中每区的第一行数字代表本区中某类朝向庙宇的数字（整数），其下方的数字（小数）表示这一朝向的庙宇在本区所有有朝向记载的庙宇中所占的比例。右侧总计中的第一行两个数字中的前一个表示本区中有朝向记载的庙宇总数，后一个数字表示本区中所有庙宇的数目。

表 2　民国调查资料所示庙宇朝向总表

区＼朝向	东	西	南	北	西南	总计
内城庙宇	81	55	301	59	0	496
朝向比例	10.1	6.8	37.4	7.3	0	61.6
外城庙宇	55	39	165	49	1	309
朝向比例	6.8	4.8	20.5	6.1	0.1	38.4
总计	136	94	466	18	1	805
总比例	16.9	11.7	57.9	13.4	0.1	100.0

根据统计表分析民国时期北京庙宇的空间分布特征：

首先，传统坐北朝南建筑形制在民国北京庙宇中仍然是最常见的，但是不足60%的比例说明民国时期已经有很大比例的庙宇不再遵从向南开门。

其次，外城（南城）庙宇比内城（北城）庙宇在朝向上的随意性更强，反映明清时期在南城修建庙宇时没有严格的规划，并受到环境的制约。

再次，内三、内四、内五区所在的内城北部是符合传统建筑方位的庙宇集中地，始建时代应相对较早；内六区受皇城、紫禁城的限制，庙宇数量虽不多，但元明两代敕建寺庙比例大，故正方位庙宇比例也高于平均值。内一、内二区南部在元大都南城垣之外，是内城中南向庙宇比例最低的两个区。外城庙宇的建筑朝向受街道走向的影响非常显著，外一、外三区位于外城东部，东向庙宇的比例最低，而西向庙宇比例很高；与其形成鲜明的对照，外二、外四区处于外城西部，其东向庙宇的比例非常高。这充分证明在未经规划的北京外城，庙宇建筑的朝向往往背靠城墙、面向进出内城的道路。

（三）北京城市庙宇的地域结构特征

北京庙宇起地标作用。清朝修建的庙宇则多不择地而建，也不讲究传统的坐北朝南形制。更有些庙宇就建在两条胡同、尤其是斜街的分岔口，起到指路标的作用。庙址的建筑方位与形制特点，也是鉴别其时代的依据之一。

北京还有一些庙宇的位置与城市环境有密切的关系。过去北京城内有许多洼地水塘，在其周围建龙王庙、海潮庵，反映了北京人对于水环境的敬重。北京城内的井水多数是苦的，只有几处甜水井，甜水井一般不会被圈在个人私宅内。凡有水井的地方差不多都建有庙宇，水井在庙宇里作为公产，大家都可以汲取，避免被攫为私人所有。真武庙，因为供奉象征北方之神的玄天上帝，一般建在南北走向的胡同北端或尽头，应与城市堪舆和民间信仰相关。

北京庙宇和商业、手工业行业之间存在着联系。灶王庙，北京城里的有 10 座，多与饭馆业有关，都灶王庙设在花寺，是饭馆业的行业会馆。火神庙，往往与仓储、店铺集中地有关。明代的火神庙常建在仓库、草料场周围，祈福消灾。清代京城商业繁华地段常建火神庙，前门外粮食店街的火神庙，就是六必居酱菜园起火灾后由业主出资所建。清末民国北京庙宇碑刻多有店铺商行给庙宇捐银的记载。

北京城内的清真寺。回民在北京城里习惯于聚居，其分布呈大分散小集中的特点。北京有四大回民聚居区：牛街、花市、阜成门内和朝阳门内各有一个区，其他临近城门内外街道的地段也有回民聚集。因回民多以从事商业、开店铺营生，聚居地靠近交通便利之处，以求过往人多，买卖之盛。明代北京城里有四大回教官寺：牛街礼拜寺、东四清真寺、锦什坊街普寿寺和朝阳门内二条的法明寺，全在上述回民街区里。清代北京城回民聚居地更多，据 1938 年的统计，北京城及近郊有清真寺 60 多座，礼拜寺 38 座。北京城内清真礼拜寺的分布地域与回民的居住区是相吻合的。

北京的庙宇承担了城市社会运转的部分职能。过去北京有四大庙市：东城隆福寺、西城护国寺、南城报国寺（后改都土地庙），再有一个是白塔寺。每月的前十天开庙市，初三在都土地庙，初四、初五在白塔寺，初七、初八在护国寺，初九、初十在隆福寺，轮流开市。各庙会上卖的东西也不太一样，所以人们是赶了这个庙会，再赶那个庙会。庙会能够弥补部分城市商业职能的空缺。另外，北京城内多皇家园林，老百姓没有可供游乐的空间，庙宇给他们提供了公共宴游场所。特别是民国时期，北京城的庙宇逐渐趋向世俗化，在很大程度上为城市生活提供辅助功能。据光绪十二年（1886）李虹若在《朝市丛载》中的统计，北京内外城有 31 座寺庙具备出租殿房为旅店的服务功能，被称作“庙寓”。东城区朝阳门内，宣武区广安门内，分别是从东、西两路进入京城的通道，那 31 座附有旅店服务功能的庙宇全集中在这两个地段。旧时，外省人在京城去世，需要封殓，将灵柩停放在一处地方，待吉日起运回籍。因而有些寺庙出租殿房，专作停灵柩之用，那些庙宇多分布在南城靠近城门的地区，广渠门内夕照寺、隆安寺就属此列。此外，庙宇还进行慈善活动。北京有两座舍饭寺，东城沙滩附近的兴福寺和西城西单舍饭寺，每过年节（春节）时，这两座庙宇要向穷人施粥；后来南城的龙泉寺也承担起城南地区的此项义务。民国时代，更有一些庙宇利用殿房较多的条件开办教育，教平民识字。东城大佛寺、积水潭畔敬业寺都曾开办过平民学校或学技社。20 世纪 50 年代以后，许多城市中的庙产被收归政府所有，北京许多庙宇被改作中、小学校或街道工厂。

当大量农村人口涌进城市之时，更多的庙宇被改成居民杂院。尽管庙宇的功能改变了，可是多数庙宇的殿房依然使人们回忆起北京传统建筑中最具文化特色的历史景观。

最后，关于文化叙述怎样与历史地理资讯（HISGIS）对话，笔者感觉可以先从民国时期庙宇调查史料入手，与元、明、清京师寺庙分布进行比对，统计民国以来哪些学校曾经是庙宇，哪类庙宇不再作为宗教信仰的空间，从而诠释民国时期北京城市宗教信仰空间发生的变化及其原由。

从历史 GIS 角度看民国北京中西医服务与城市交通的关系*

张佩瑶　苏基朗　林珲　王法辉

一、引言

最近几年来，地理信息系统（GIS）技术的迅速发展和广泛应用对历史地理学、历史学和中国研究等领域产生了深刻的影响②。GIS 与历史地理学的结合，即历史 GIS 逐步成为研究的热点问题，尽管实际的应用依然有限，特别是在中国历史的研究上。GIS 应用于历史地理学至少有三方面的优势：其一，GIS 可以集成不同来源的多维数据；其二，GIS 可以通过空间统计进行

* 本项目由香港特别行政区政府研究资助局划定拨款资助完成（项目编号：450407）。

② Peter Bol and Ge Jianxiong, "China Historical GIS," *Historical Geography* 33 (2005), pp. 150 – 152; Anne K. Knowles ed., *Past Time, Past Place: GIS for History* (Redlands, CA: ESRI Press, 2002); and Ian N. Gregory and Richard G. Healey, "Historical GIS: Structuring, Mapping and Analysing Geographies of the Past," *Progress in Human Geography* 31.5 (2007), pp. 638 – 653.

定量分析；其三，GIS 的可视化功能可以促使产生新的询问。

本文尝试探讨 20 世纪 30 年代北京城中西医医疗服务的空间形态以其与城市交通的关系。文中使用的数据来自民国北京 GIS 数据库。第二部分，我们将描述数据和数据处理；第三部分介绍两步移动搜寻法和中西医医疗服务“可达性”（accessibility）的空间形态；第四部分介绍缓冲区分析及中西医医疗服务与交通的关系；最后部分是全文的总结。

二、数据来源和处理

（一）研究区和数据源

民国北京 GIS 数据库的资料来自北京市档案馆，国家图书馆，首都图书馆，南京第二历史档案馆，台北“中央研究院”近史所，美国国会图书馆和洛克菲勒档案中心。这些资料包括官方的人口普查、报告、统计、登记以及私人的调查、报告、目录、指南、地图、叙述、书籍以及其他的出版物。本文涉及的数据分为两大类：一类是一系列历史地图，用于制作参考底图，作为空间数据的基础；另一类是人口普查和统计数据，用于提供关于人口，中西医医疗服务的专题信息。本书上章李孝聪对其中部分材料已作出精要的介绍。

北京包括南城和北城，按照警察局管辖的范围，分成 20 个或 11 个分区，1928 年以前为 20 个分区，1928 年以后为 11 个分区。20 个分区的中心区在故宫，内区在北城，外区在南城，左区在东面，右区在城市的西面[①]。参考底图的资料来源包括三幅历史地图：内务部职方司测绘处制作的 1916 年

① Sidney D. Gamble, *Peking: A Social Survey* (New York: George H. Doran Co, 1921).

1∶8 000 的《京都市内外城地图》，北平市政府工务局制作的 1937 年 1∶5 000 的《实测北平市内外城地形图》，以及由中国地图出版社出版的 1940 年 1∶14 285 的《北平市全图》。这三幅历史地图都包含丰富的胡同信息，这是北京城最基本的空间单元（见图 1）。由于 1937 年地图的比例尺最大，提供的信息最为详尽，我们将其视为底图最主要的资料来源并进行数字化。由于 1937 年地图过于陈旧，地图上许多胡同名称都难以辨认。部分地名可以通过与 1916 年和 1940 年地图校对来进行判别或修正，但是这依然不够，因为 1937 年地图上的信息量远远大于其他两幅地图。为了提高数据的质量，我们利用了经济新闻出版社 1936 年出版的《北平街巷志》。这本书含有关于北京城街道胡同的详细信息，可用于校对和更正 1937 年地图上的胡同名称。按照这样的方法，我们重建了约 3 200 条胡同。同时，我们数字化了基本的街区，地图图例上代表重要机构（如：学校、寺庙、派出所等）的点符号和警察管辖区。20 个分区的边界来自 1916 年地图，而 11 个分区的边界则来自 1937 年地图。道路数据亦来自 1937 年地图，图例上包含几类道路类型：街巷、沥青路、石碴路、石板路、土马路、土路、小路、小径和电车路。

我们用医院的位置和分布来表示西医医疗服务的空间形态，而中医医疗服务则广泛地来自中药店、中医诊所、寺庙、庙会和工会。数据来自几个来源。医院数据（94 项）来自 1935 年《北平普通医院调查表》，档号 J1 - 03 - 53、J1 - 03 - 54，和 1935 年《北平市政府卫生局业务报告》。这两类档案都提供了有关医院的详细信息。中药店数据（300 项）来自 1935 年《北平市中西药商号数目表》，档号 J005 - 003 - 00037。此档案为北平市社会局开展的一个关于中药店的调查。中医医生数据（366 项）来自北平国医公会 1930 年出版的《北平国医公会同仁录》。人口数据来自北平市警察局1937年编制的《北平市警察局户口统计图表》。这个统计图表记录了有关11个分区的户数、男女人口的统计数据。寺庙数据（15项）来自1997年出版，由北京市档案馆编制的《北京寺庙历史资料》。此书含有1928年、1936年和1947年的寺庙登记，本文仅采用了1936年的数据，选取了那些记录中注明提供中医服务的寺庙。工会数据（406项）来自1929年北平民社编辑的《北平指南》。本书提供了关于北平的地理、政治、社会经济、民间风俗的信息。

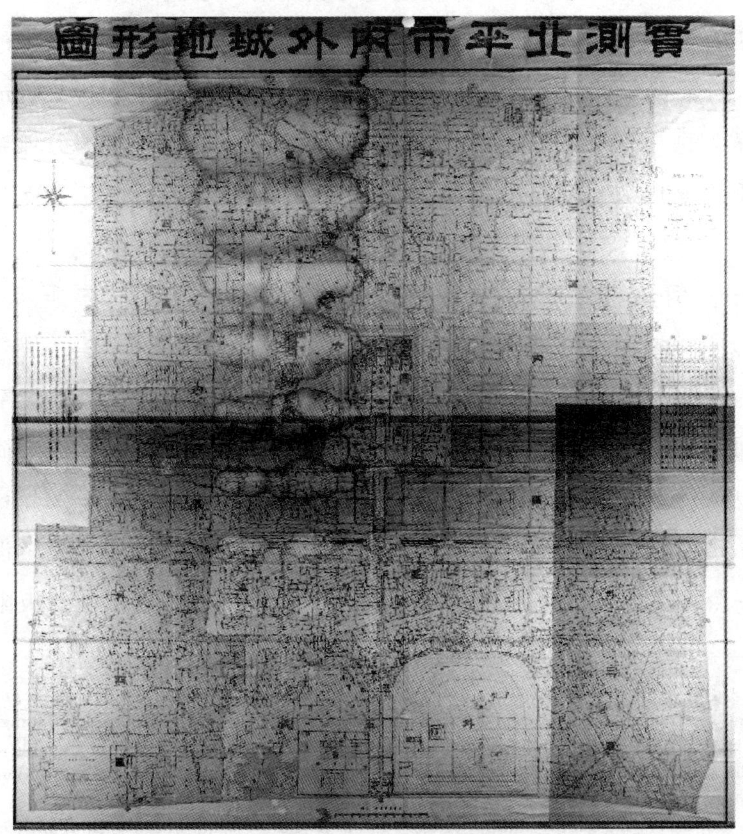

图1　1937年实测北平市内外城地形图

（二）数据处理

医院、中药店、中医诊所、寺庙、庙会和工会等机构在GIS数据库中均用点来表示。这些机构按照它们所在的胡同地址进行定位并录入到数据库。人口数据是11个分区的属性数据。然后，利用空间关联的功能，对落入到各分区的点地物进行相应的赋值。如果把20个或11个分区作为基本的地理单元来进行两步移动搜寻法，空间尺度将会过大以致不能很好地反映可达性详细的空间差异。因此，我们需要采用较小的地理单元来进行空间分析。本研究通过对底图的街区进行重组来获得新的区划单元。但是，这又产生了如何将20个或11个分区的人口数据分摊到各个街区的问题。我们采用了David W. Wong提出的一个方法。[①] 此方法可以将20个分区的人口数据分摊到80个子区域，使得两步移动搜寻法的应用切实可行。

三、两步移动搜寻法评估空间可达性

两步移动搜寻法是一个基于GIS的用于评估医疗服务“空间可达性”的数值（spatial accessibility score）的方法，原理简单并且容易实现[②]。这个方法是在移动搜寻法（Floating Catchment Area）的基础上发展起来的。早期的移动搜寻法首先假设一个就医出行的极限距离，并以普查单元的中心为圆心，极限

① 详情可参考David W. Wong，Billy K. L. So，Zhang Peiyao，Lin Hui，“Improving the Quality of Historical GIS Framework Data：An Example of Republican Beijing”. Paper presented in the International Conference on Urban Cultural Change in Republican China（1910s—1940s）：Dialogue between Cultural Narrative and Historical GIS，Hong Kong，September 18 - 20，2010.

② F. Wang and W. Luo，“Assessing Spatial and Nonspatial Factors for Healthcare Access：Towards an Integrated Approach to Defining Health Professional Shortage Areas，” *Health and Place* 11（2005），pp. 131 - 146.

距离为半径建立搜寻域，搜寻域内医生总数与人口总数的比值被定义为这一普查单元的空间可达性，然后相同的搜寻域从一个普查单元中心移动到其他普查单元的中心，重复上述计算，得到研究区内各个普查单元的空间可达性①。早期的移动搜寻法考虑了供给与需求可以跨越行政边界的潜在相互作用，但它又潜在假设了搜寻域内的服务对域内所有居民都是充分可用的。但是，搜寻域内医院与居民的距离可能超出就医出行的极限距离；并且搜寻域内的医院并不完全服务于搜寻域内的居民，它们也可能向邻近的搜寻域外的居民提供服务。

为了克服上述缺点，Radke 和 Mu 提出了两步移动搜寻法（two step floating catchment area）②，表述如下：

第一步 以任一医院位置 j 为中心，就医出行的极限距离 d_0 为半径，建立搜寻域 j。然后查找搜寻域 j 内所有的人口位置 k③，计算搜寻域内病床数（或医生数）与人口的比值 R_j：

$$R_j = \frac{S_j}{\sum_{k \in \{d_{kj} \leq d_o\}} P_k} \tag{1}$$

其中，P_k 是搜寻区域内（即：$d_{kj} \leq d_o$）居民点的人口总数，S_j 是医院 j 的病床数（或医生数），d_{kj}是 k 与 j 的出行时间。

第二步 以任一人口位置 i 为中心，就医出行的极限距离 d_0 为半径，建立搜寻域 i。然后查找搜寻域 i 内所有的医院位置（j），将这些位置的病床数（或医生数）与人口比值汇总求和：

---

① W. Luo, "Using a GIS-based Floating Catchment Method to Assess Areas with Shortage of Physicians," *Health and Place* 10 (2004), pp. 1 - 11.

② J. Radke and L. Mu, "Spatial Decomposition, Modeling and Mapping Service Regions to Predict Access to Social Programs," *Geographic Information Sciences* 6 (2000), pp. 105 - 112.

③ 特定空间内总体人口位置一般用人口重心标示，GIS 软件供自动计算出其位置坐标。

$$A_i^F = \sum_{j \in \{d_{ij} \leqslant d_o\}} R_j = \sum_{j \in \{d_{ij} \leqslant d_o\}} \frac{S_j}{\sum_{k \in \{d_{ij} \leqslant d_o\}} P_k} \tag{2}$$

其中，A_i^F 表示居民点 i 的就医空间可达性，R_j 是搜寻区域内（即：$d_{ij} \leqslant d_o$）医院位置 j 的病床数（或医生数）与人口的比值，d_{ij}是 i 与 j 之间的出行时间。A_i^F 越大表明该位置 i 的可达性越好。

实现两步移动搜寻法的一个重要工作就是计算人口与医生位置之间的出行时间。本研究中，车辆的速度需要按照当时北京城的实际情况而定。民国时期，在北平市政府的努力下，北平的交通状况得到很大改善。电车和人力车是主要的交通工具，它们共同承载着城市的交通①②。关于这两种交通工具的运载量，《远东时报》曾作过比较，电车的速度约为每小时 8.8 英里，而人力车的速度约每小时 6 英里③。由于电车只能在较好的路面上行驶，如沥青路、石碴路等，我们假设以上两个速度都是基于较高等级的道路（即石碴路）计算得到。表 1 为人力车速度估算的结果。我们将道路分成三个等级，等级越高，人力车的速度越快，每一等级按照 10% 的速度递减。小路和小径不包括在内，因为我们认为人力车夫通常不会选择在这类道路上奔跑。

利用 ArcGIS 9.3 中的“连接”（join）和“汇总”（sum），按照以下流程，可以很容易的实现两步移动搜寻法，图 2 以西医为例加以说明：

---

① 王印焕：《民国时期的人力车夫分析》，《现代史研究》2000 年第 3 期，页 193－217。

② 杜丽红：《南京国民政府时期北平的交通管理》，《北京社会科学》2004 年第 2 期，页 72－80。

③ 王印焕：《交通近代化过程中人力车与电车的矛盾分析》，《史学月刊》2003 年第 4 期，页 99－104。

表 1　人力车行驶速度估计

等级	道路类型	速度（英里/小时）	速度（米/分钟）
1	沥青路	6.6	177
2	石碴路、石板路、胡同	6	161
3	土马路	5.4	145

（1）计算分区人口重心与医院位置之间的出行时间矩阵，提取 30 分钟极限距离范围内的选项，得到表 Dis_30min；

（2）医院 Hospital 与分区 District 的属性表分别按照医院 ID 与分区 ID 关联到表 Dis_30min；

（3）按照医院 ID 汇总人口，并且计算每家医院的医生与人口比率，得到新表 R by Doc；

（4）表 R by Doc 按照医院 ID 关联到表 Dis_30min；

（5）基于更新后的表 Dis_30min，按照分区 ID 汇总医生与人口比率，得到新表 R by Dis；

（6）最后表 R by Dis 按照分区 ID 关联到表 District，以供制图和分析。

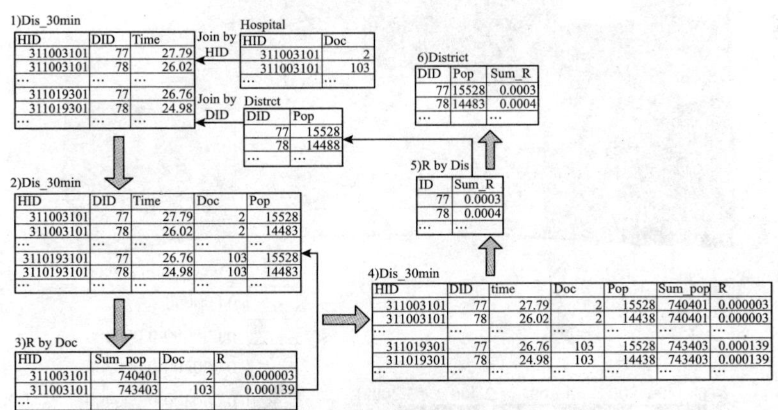

图 2　两步移动搜寻法实现流程

本文采用 30 分钟作为搜寻半径进行就医可达性的评估，

图3和图4分别显示了北京不同分区内中西医就医空间可达性的差异。由图3和图4得知：

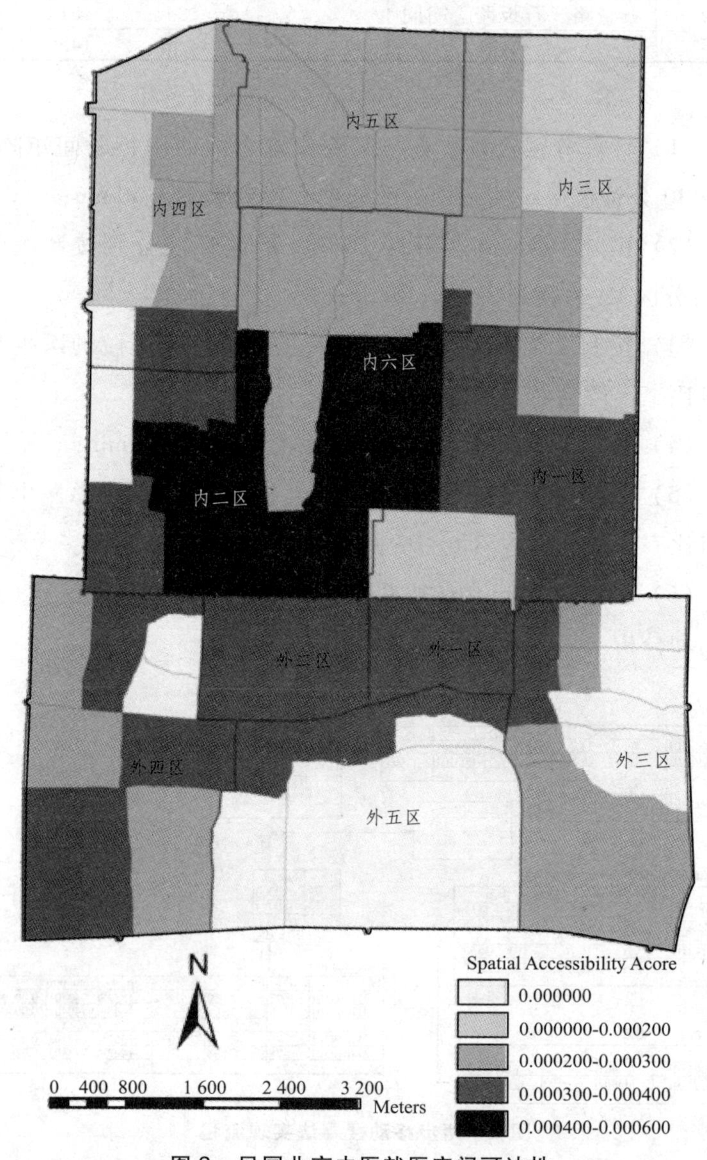

图3 民国北京中医就医空间可达性

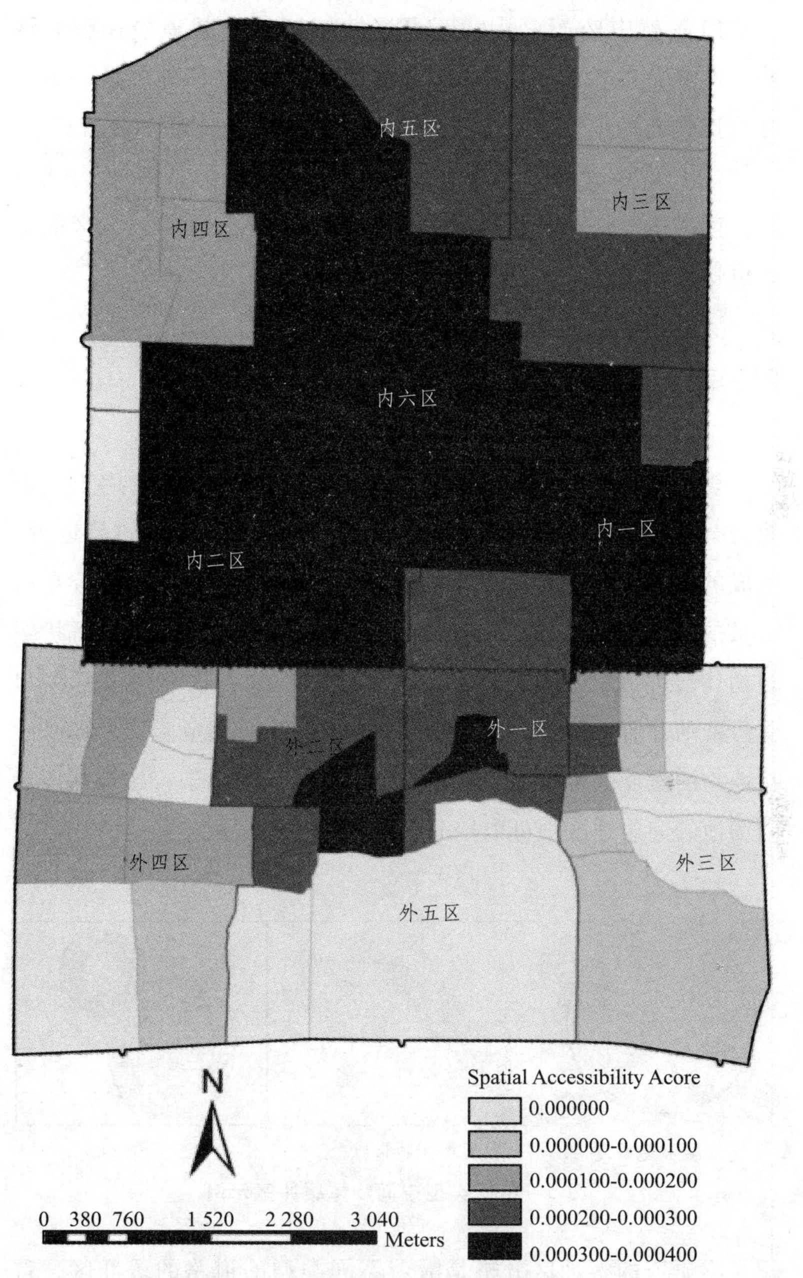

图 4　民国北京西医就医空间可达性

（1）就中医而言，就医可达性较好的地区集中在中心区域，比如：内六区、内一区、内二区、外一区和外二区；就医可达性较差的地区多数集中在南城，比如：外三区和外五区。

（2）就西医而言，南北差异显著：北城的就医可达性较好，南城的就医可达性较差。南城内部，外一区和外二区的就医可达性明显优于其他区域。

四、缓冲区分析邻近度

缓冲区分析是 GIS 中常用的一种空间分析技术，用于获取地物（包括点状、线状、面状地物）在一定距离内的邻近度。生成的缓冲区是一个新的多边形，用来确定某些实体是否在所定义的缓冲区的里面（或外面）。图 5 是点状、线状、面状空间物体缓冲区的示例。例如，点状地物的缓冲区可以表示一口受污染的井所在位置的周边区域；如果火车运输危险品，那么线状地物的缓冲区可以用来追踪火车沿线区域的污染；超级基金污染场地的周边地区则可以用面状地物的缓冲区来表示。

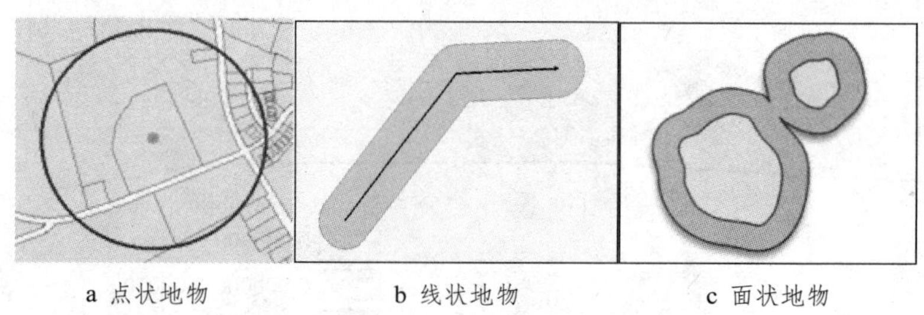

a 点状地物　　b 线状地物　　c 面状地物

图 5　不同类型空间物体缓冲区示例

本研究的缓冲区分析是沿着不同类型的道路的缓冲区，首先给定一个距离，标识出缓冲区范围内的中医医疗机构和医院，然后用缓冲区内中医医疗机构和医院的数量来检验中西医与交通的关系。我们将道路分成四个等级：第一等级为沥青路；第二等级为石碴路、石板路；第三等级为土马路；第四等级为小路、小径。出于比较的目的，电车路也被包含在分析中。

为了选取最理想的距离，我们试验了一系列的距离。按照本研究的目的，我们设定了两个选取标准：第一，距离越短越好；第二，基于该距离生成的缓冲区内应该含有较高比例的中医医疗机构及医院。我们按照不同的距离进行道路的缓冲区分析，并且分别计算缓冲区内中医医疗机构和医院数量占各自总数的百分比。表 2 为电车路的分析结果，500 米被认为是最理想的距离。

表 2　电车路不同距离的缓冲区分析结果

距离	比例（中医）	比例（西医）
250 米	33%	3%
500 米	58%	79%
750 米	83%	94%
1 000 米	92%	97%

图 6 和图 7 分别显示中西医医疗机构和沿着电车路沿线的 500 米缓冲区。表 3 记录缓冲区分析的结果，从中可以看出中西医与交通关系的差异。对西医来说，道路等级越高，医院数量越多。沥青路周边的医院最多（78），其次是石碴路、石板路（57），土马路（30），小路、小径（8）。电车路沿线 500 米范围内共有 74 家医院。然而，中医的情况并非如此。石碴路、石板路周边的中医医疗机构最多（854），其次是沥青路（680），土马路（129），小路、小径（125）。电车路沿线 500 米范围内共有 639 家中医医疗机构。

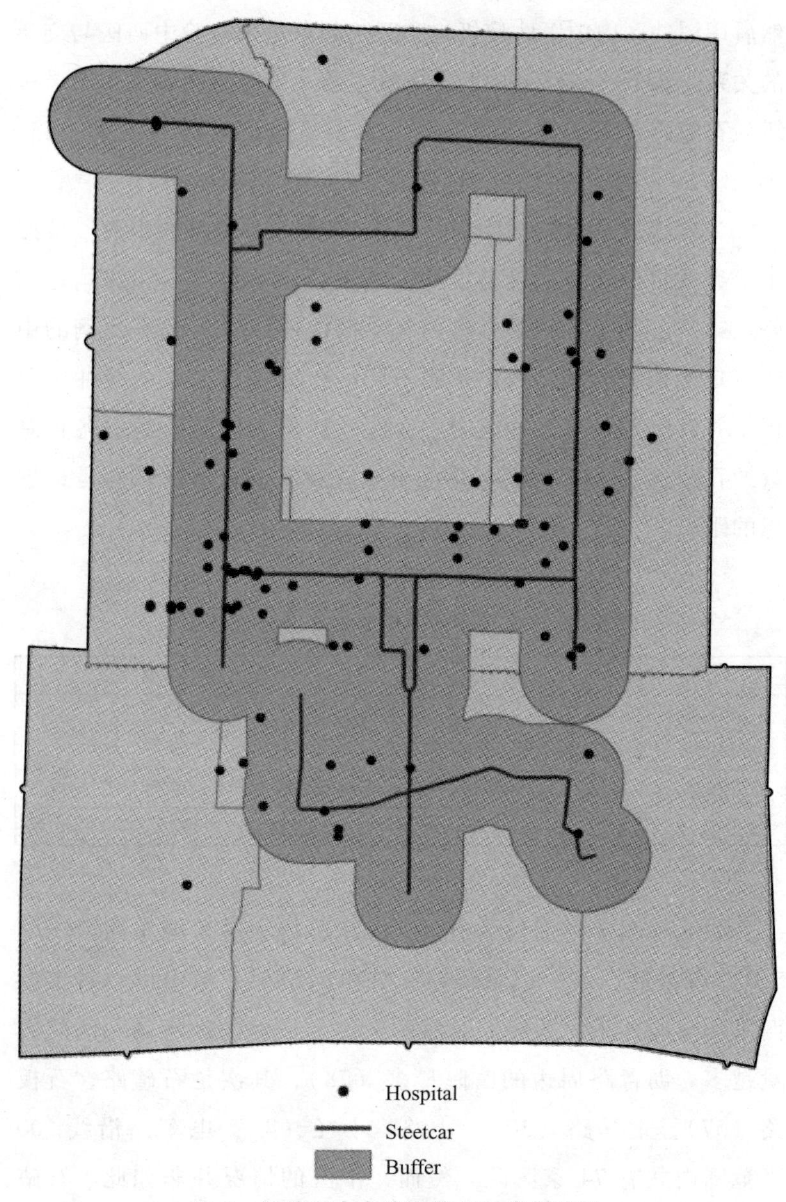

图 6　医院和电车路沿线 500 米缓冲区

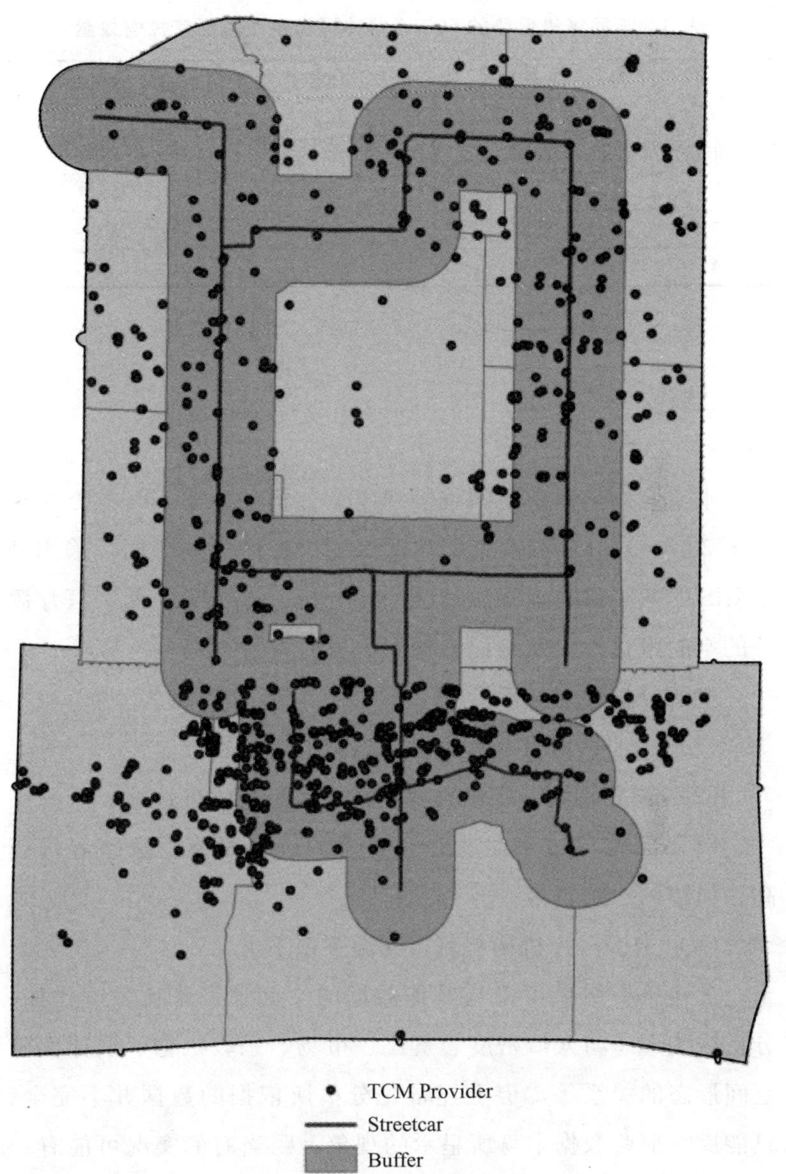

图 7　中医医疗机构和电车路沿线 500 米缓冲区

表 3　不同等级道路的 500 米缓冲区内中西医医疗机构数量

等级	道路类型	中医医疗机构数量	西医医院数量
0	电车路	639	74
1	沥青路	680	78
2	石碴路、石板路	854	57
3	土马路	129	30
4	小路、小径	125	8

五、结论

本文应用侧重于空间维度和定量分析的历史 GIS 的方法探讨了 20 世纪 30 年代北京中西医医疗服务的一些方面。采用基于 GIS 的两步移动搜寻法和缓冲区分析，分析了中西医医疗服务的空间可达性以及它们与城市交通的关系。

主要分析结果如下：

（1）中心区域具有较好的中医就医可达性。

（2）较之南城，北城具有较好的西医就医可达性。

（3）医院与城市交通存在显著的统计联系。道路等级越高，周边的医院越多。

（4）中医医疗机构与城市交通关系不大。

上述分析结果可以与其他数据的空间形态作比较，比如，分析这些形态与人口密度、贫民、市场、宗教机构、法律实施空间形态的关系等。但上述量化分析所依据的数据并不完全，只能反映那些数据本身所呈示的现象，距当时的实况可能有一段差距。

1936—1946年中国人口密度的分布和变化

蔡颖　侯杨方　王法辉

一、引言

中国是世界上人口最多的国家，但是分布极不均匀。以1936年人口为例，密度最高的地区如长江三角洲、珠江三角洲地区密度可达到每平方公里400人以上，蒙古、西藏等地虽然面积甚广，但是人口密度每平方公里不足2人。研究中国人口密度分布的地域差异、解释其成因，具有重要意义。

中国人口分布的极度不平衡根本上是由自然条件的差异造成的，比如地形（高程、坡度）、气候（温度、降水）、土壤分布、水源等因素。在大规模工业化之前的农业社会，人类的生存和发展更依赖于自然环境，这些自然因素与中国人口分布的关系更是密切。研究中国人口分布还需要可靠的人口资料，特别是较系统地、相对准确地将人口落实到较小的地域单元

（如县一级）的数据。这篇论文的注意力集中在民国期间1936—1946年的中国人口数据。从1937年7月7日的卢沟桥事变，到1945年8月15日日本宣布无条件投降，是日本全面侵华的八年。研究1936年到1946年10年间的人口变化，可以探讨日本侵华战争对中国人口分布和变化的影响，对于澄清、再现历史也具有现实意义。

本文借用GIS和空间分析方法，定量研究自然环境和人文因素（包括战争）对中国1936—1946年人口分布的影响，希望对相关研究起到一定的借鉴作用。另外，本文通过演示GIS和相关科学分析（包括空间分析和数理统计）方法用于历史研究的潜力，旨在促进自然科学与人文社会科学的有机结合，推动交叉学科的发展。

二、研究背景与数据来源

为了综合研究1936年中国的战前人口分布，本文选取包含全中国29个省（除去缺少数据的蒙古地方和西藏地方）的2 033个县级单位，县级单元与省级单元相比较更能体现人口变化的细节。人口数据采用1938年5月，中华民国内政部统计处编印“战时内务行政应用统计专刊第一种”《户口统计》公布的全国户口统计数字，此次统计可以说是整个民国时期具有大致标准时间点的（1936年年初）、最为完整的全国性人口统计数字，几乎包括了全国所有的省市局[①]。复旦大学历史地理研究中心侯杨方基于这一数据，经过多年研究整理，又用现代科学技术手段地理信息系统（GIS）建立了相应的数据库——

① 侯杨方：《中国人口史》（第六卷，1910—1953），上海：复旦大学出版社，2001，页266－267。

“中国人口地理信息系统”（http：//yugong. fudan. edu. cn/Project/CPGIS/index. asp），这一数据库为研究中国人口分布模式创造了条件。

这一数据库包括1936年、1946年中国的行政区划界线以及人口数据。依此我们绘制1936年、1946年中国人口县级密度（每平方公里人口数）（见图1）和1936年分布趋势图（见图2）。图中可见，我国人口分布极不均匀，以瑷珲—腾冲线为

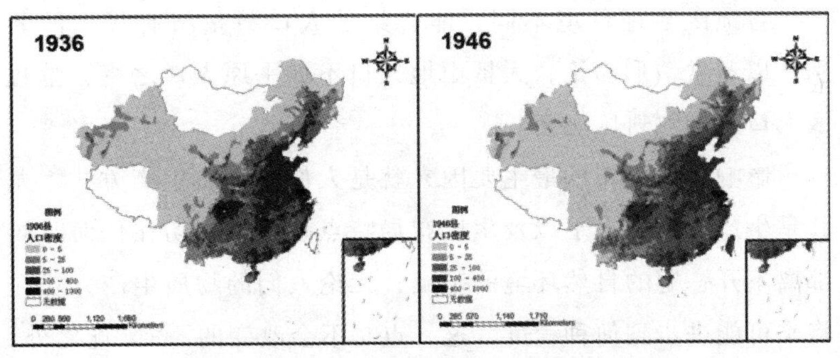

图1　1936年和1946年中国各县人口分布图

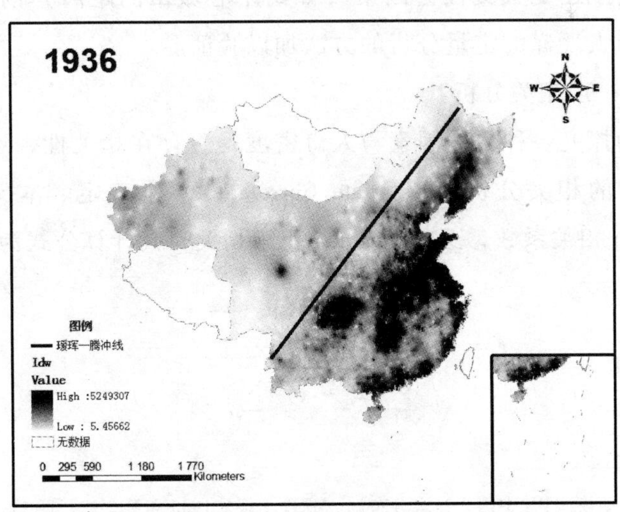

图2　1936年中国人口密度分布趋势图

界，人口密度东高西低[1]。这一现象势必与自然环境、社会环境等因素有关，下文作详细讨论。

相关自然环境因素的空间数据，包括地形、水系、土地宜耕类型、气候数据等，均来自地球系统科学数据共享平台（http://www.geodata.cn）。

三、战前人口分布和影响因素

各地区地理环境不同，能容纳的人口数量将有很大的差别。以通常情形而论，大抵山地人口不如平原人口之密，游牧区人口不如农耕区之密。[2]

影响人口分布的最主要因素就是人们的物质生产方式，尤其是生产力发展水平以及生产布局特点。但这一切在任何时候都离不开一定的自然环境的基础，无论人们的物质生产方式在将来可能进步到何种程度，这一点是不会改变的。[3] 除此之外，人口密度还受人文社会因素（如离中心城市的距离）的影响。需要引人严谨的定量分析的方法加以验证。

（一）相关分析

为探究各种自然因素与人口密度是否存在相关性，运用统计学中的相关分析（Bivariate Correlation）来确定。本文使用Pearson 相关系数，又称 Pearson 积矩相关，其计算公式为：

$$r = \frac{\sum_{i=1}^{n}(x_i - \bar{x})(y_i - \bar{y})}{\sqrt{\sum_{i=1}^{n}(x_i - \bar{x})^2 \sum_{i=1}^{n}(y_i - \bar{y})}}$$

① 胡焕庸：《中国人口之分布》，《地理学报》1935 年第 2 期，页 33。
② 胡焕庸：《中国人口之分布》，《地理学报》1935 年第 2 期，页 33。
③ 张善余：《中国人口地理》，北京：科学出版社，2003，页 256。

当 $|r|=1$ 时，称为完全线性相关；当 $0<|r|<1$ 时，存在相关。当 $r>0$ 时，称为正相关；当 $r<0$ 时，称为负相关。

为了进行定量分析，我们首先运用 ArcGIS 软件对空间数据进行处理。在 Spatial Analysis 中的 extract Value to point 工具分别获得各县的海拔高度、降水、积温、温度和土地适宜类型的平均值（中国土地适宜类型：利用 1∶1 000 000 土地资源地图矢量化数据，抽取其中土地适宜类层，采用内插方式，计算格网点数据。分为九个类型，分别为宜农耕地类、宜农宜林宜牧土地类、宜农宜林土地类、宜农宜牧土地类、宜林宜牧土地类、宜林土地类、宜牧土地类、不宜农林牧土地类、湖泊或其他）；Spatial Analysis 中的 Surface Analysis 中 Slope、Aspect 工具分别获得各县级单元的坡度和坡向；Near 工具获得县级单元（以几何中心代表其位置）到水系（河流）的距离和到中心城市的距离。

从表 1 中可以看出人口密度与各个自然因素之间关系统计上都具有显著性，尤其与海拔高度、坡度、温度、土地适宜类型、河流距离、中心城市距离相关性较高，显著水平为 0.001。但是与坡向、降水的相关系数较低，虽然统计上仍然显著（显著水平分别为 0.01 和 0.05）。

表 1　各项指标与人口密度的相关分析

变量	相关系数
海拔高度	-0.461[a]
坡度	-0.379[a]
坡向	-0.061[c]
降水	0.064[b]
积温	0.227[a]
温度	0.345[a]
土地宜耕类型	-0.447[a]
与河流距离	-0.157[a]
与中心城市距离	-0.232[a]

注：a 显著性在 0.001；b 显著性在 0.01；c 显著性在 0.05。

（二）人口密度与地形因素

从人口的垂直分布看，全国70%以上的人口，集中分布在面积仅占全国1/4的海拔500米以下的地区，其中200米以下的平原地带的人口约占全国的50%。海拔2 000米以上的地区，虽然也占全国总面积的1/4，但人口比重却不足1%。海拔在3 000米以上地区，城市和居民点的分布数很少。总的趋势是海拔越高人口越少，和世界多数国家近似。为了分析人口的分布与海拔、坡度是否存在一定的关系，我们借用统计分析的手段。

考虑多个自变量的多元线性回归方程可表示为：

$$y = \alpha + \sum_i \beta_i x_i + \varepsilon,$$

式中 α 和 β_i 是回归模型的参数，被称为回归系数；ε 是随机误差项或随机扰动项，反映了除 x_i 和 y 之间的线性关系之外的随机因素或不可观因素。表2列出了多元线性回归中各种地形因素对人口密度的影响。

表2　地形因子多元线性回归分析

$R^2=0.244$			
变量	参数估计	标准误差	t 值
截距	214.061[a]	6.441	33.233
海拔高度	-0.59[a]	0.004	-15.907
坡度	-3.138[a]	0.359	-8.749
坡向	-0.53	0.031	-1.687

注：a 显著性在0.001。

表2的结果显示，地形因子与人口密度在统计上十分显著。即海拔越高、坡度越大，人口密度越低。而坡向对人口密度的影响并不显著。

（三）人口密度与水文因素

一般来说，有河流经过的地方，水资源丰富、利于农耕，并且为交通运输提供了便利，因此对人口分布有一些影响。这里，我们用离最近河流的距离刻画水文因素对人口密度的影响。由于只有一个自变量，只需要用一元线性回归的手段。结果如表3。

表3　水系距离与人口密度一元线性回归分析

$R^2=0.025$			
变量	参数估计	标准误差	t 值
截距	105.316[a]	2.525	41.701
与水系距离	-1.047[a]	0.000	-8.757

注：a 显著性在 0.001。

从表3中可以看出，距离水系越近，人口密度越高，虽然回归系数不高，但在统计上还是显著的。说明水文这个自然因素的影响是可能存在的，但单靠这一个因素是不能很好地说明人口的分布情况，还要考虑其他因素。

（四）人口密度与农业相关因素

我国是农业大国，尤其是在1936年，农业人口在总人口中占了绝大部分。土壤、水热条件是影响农业的关键因素。

表示热量条件分布的指标多种多样，如各种温度指标和无霜期等指标，其中积温是一个较好的综合指标。积温是指植物从播种到成熟，要求一定量的日平均温度的累积①。本文也将采用积温这个指标。从降水量来看，我国年雨量分布的主要特点是东南多、西北少，从东南向西北递减②。而年降水量400mm的分界线与中国人口分界线瑷珲—腾冲一线基本一致。土壤也是农业生产最基本的条件之一。

① 梁书民：《中国城镇化发展与食物均衡战略》，北京：中国农业出版社，2008，页1。

② 张家诚：《中国气候总论》，北京：气象出版社，1991，页126。

我们利用前面提到的多元线性回归模型来分析人口密度与农业相关因素的关系。

表 4　人口密度与农业相关因素多元回归分析

$R^2=0.253$			
变量	参数估计	标准误差	t 值
截距	128.544[a]	10.278	12.507
土地宜耕类型	-25.318[a]	1.204	-21.020
降水	-0.04[a]	0.01	-3.816
积温	0.017[a]	0.03	5.667

注：a 显著性在 0.001。

从表 4 显示的结果可以看出，土地宜耕类型、降水以及积温这些农业相关因素对人口密度的影响在统计上都十分显著。其中，降水量的影响是负值，与我们的预想相反，原因是降水量与土地宜耕类型高度相关，当土地宜耕类型对人口密度的影响大大超过降水量的影响时，掩盖了降水的真实影响。统计上称为“自变量互相关”（collinearity）。这一问题也说明了后面因子分析法的必要性。

（五）人口密度与中心城市

中心城市是指对较大地域范围具有强大吸引力和辐射力的综合性职能的大中城市，离中心城市越近，到市场的运输成本越低，土地利用强度越大，人口密度越高①。以沈阳为例，从图 4 可以清楚地看出，以沈阳为中心城市，其周边的县受其吸引力的影响，距离沈阳越近、人口密度越高的趋势。

为了全面分析中心城市的影响，本文选取民国时期十个重要

① 王法辉、金凤君、曾光：《区域人口密度函数与增长模式：兼论城市吸引范围划分的 GIS 方法》，《地理研究》2004 年第 1 期，页 97－103。

城市，分别是上海、汉口、天津、广州、南京，沈阳、青岛、重庆、北平和哈尔滨。根据 GIS，距离的度量为每个县（以其几何中心代表）离其最近的中心城市的直线距离。同样，由于只有一个自变量，只需要用一元线性回归的手段。结果如表 5。

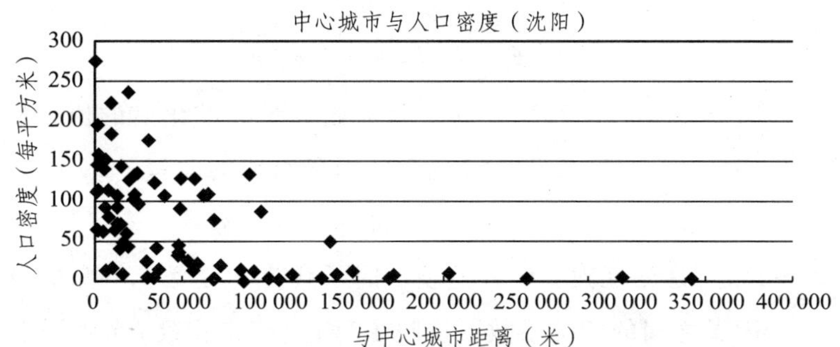

图 3　1936 年中心城市与人口密度

表 5　到中心城市距离与人口密度一元线性回归分析

$R^2=0.054$			
变量	参数估计	标准误差	t 值
截距	152.334[a]	3.347	45.520
与中心城市距离	−3.894E−11[a]	0.000	−10.574

注：a 显著性在 0.001。

从表 5 中可以看出，距离中心城市越近人口密度越高。虽然在统计上显著，但回归系数不高。

（六）人口密度影响因素综合分析

人口分布密度是受各种因素综合影响的。有些因素之间会存在如前所述的“自变量互相关”（collinearity）的问题，给分析解释回归结果带来困难。这里我们运用统计学中的因子分析方法，通过数据降维的方式，将原来可能互相关的多变量整合成较少的几个独立的综合因子。

因子分析的一般模型如下：

$$x_1 = a_{11}F_1 + a_{12}F_2 + \cdots + a_{1m}F_m + \varepsilon_1$$

$$x_2 = a_{21}F_1 + a_{22}F_2 + \cdots + a_{2m}F_m + \varepsilon_2$$

……

$$x_p = a_{p1}F_1 + a_{p2}F_2 + \cdots + a_{pm}F_m + \varepsilon_p$$

其中 x_i（$i=1, 2, \cdots, p$）是原始变量标准化后的值，F_j（$j=1, 2, \cdots, m$）表示不可观测的因子组成的向量，a_{ij}（$i=1, 2, \cdots, p$; $j=1, 2, \cdots, m$）被称为因子载荷，ε_i（$i=1, 2, \cdots, p$）是相互独立的误差项。因子载荷 a_{ij}是第 i 个变量与第 j 个因子之间的相关系数，反映了第 i 个变量在第 j 个因子上的重要性，即表示变量 x_i依赖于因子 F_j的比重。

为了检验本文所涉及样本数据是否适合进行因子分析，我们首先进行了 KMO（Kaiser-Meyer-Olkin）检验和巴特利特（Bartlett）球形检验。KMO 统计量取值在 0 和 1 之间，其值越接近于 1，意味着原有变量间的相关性越强，越适合作因子分析。本文样本数据的 KMO 值为 0.71，根据经验，该数据比较适合做因子分析。另外，巴特利特球形检验法也是以原有变量间相关系数为基础的。它的零假设相关系数矩阵是一个单位阵（对角线的所有元素均为 1，非对角线的所有元素均为 0），也就是原有变量相互独立。基于我们的数据，巴特利特球形检验法的统计量是 5 420.8（自由度 36），显著水平超过 0.001，拒绝零假设。再次表明相关系数矩阵不是单位阵，原有变量之间存在相关性，适合进行主成分分析。

从表 6 中的特征值和累计方差比例两个指标中可以看出，选取 3 个因子，解释了总方差的 2/3 是比较合适的。

表 6　主成分分析的特征值

主成分	特征值	方差比例（%）	累计方差比例（%）
1	3.290	36.552	36.552
2	1.727	19.192	55.744
3	1.006	11.181	66.925
4	0.994	11.039	77.964
5	0.876	9.732	87.696
6	0.523	5.808	93.504
7	0.311	3.455	96.959
8	0.209	2.320	99.278
9	0.065	0.722	100.000

在统计分析软件 SPSS 中还可以得到各主成分的负荷系数和贡献率。为了使因子特征更加突出，因子矩阵更加清晰，我们运用方差最大旋转法对因子进行旋转。表 7 为旋转后的主成分因子负荷矩阵。

表 7　旋转后主成分因子负荷矩阵

变量/因子	1	2	3
积温	**0.941**	-0.018	-0.019
与水系距离	**-0.370**	0.224	0.000
降水量	**0.831**	0.162	0.341
土地宜耕类型	-0.052	**0.787**	-0.171
气温	**0.940**	-0.133	-0.005
坡度	0.058	**0.839**	0.131
坡向	-0.099	0.069	**0.631**
海拔高度	-0.545	**0.679**	-0.002
与中心城市距离	-0.304	0.168	**-0.740**

由表 7 中可以看出其中第一主成分因子取代了原始数据中

的积温、与水系距离、降水量还有气温值这四项变量，可以概括为气候指标。第二个主成分解释了总方差中的54.604%，包含土地易耕类型、坡度、海拔高度这三个变量，可以概括为土壤及地形指标。第三主成分，包含坡向和与中心城市距离两个变量，可以概括为与中心城市距离指标。

为了进一步确定因子1、因子2、因子3与人口密度的确切关系，我们再次使用上文提到的线性回归方法，并且为了使回归方程更加精确，我们用人口密度的对数作为因变量。得到结果如表8所示。这一回归模型可以解释1936年中国县级人口密度空间变化的57.7%，而且三个因子统计上都很显著。

表8　三个主要因子的多元回归分析

$R^2=0.577$			
变量	参数估计	标准误差	t值
截距	1.743 [*a]	0.014	127.666
因子1	0.419 [*a]	0.014	30.685
因子2	-0.339 [*a]	0.014	-24.798
因子3	0.129 [*a]	0.014	9.459

注：*a显著性在0.001。

四、1936—1946年人口变化

（一）抗战期间人口变化

由于1936年与1946年的行政区划发生了明显的变更，致使两图层无法叠加，不能以行政单元（县）计算人口变化率。我们首先用ArcGIS软件中这两年的矢量数据进行了离散化处理。并通过Spatial Analyst中Raster Calculator工具计算每个栅格单元的人口变化率，并制作专题图。得到结果如图4所示，

图 4 显示的行政单元为 1936 年的省级行政单元。图中偏浅色区域表示人口负增长地区，偏黑色区域表示正增长。白色地区表示数据空缺地区。

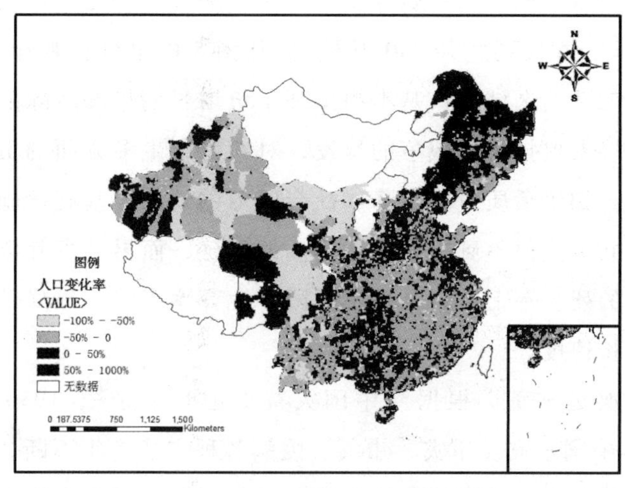

图 4　1936—1946 年中国人口变化图

首先需要说明的是，本文所用数据可能与实际有所出入。第一，虽然 1936 年的数据比较可靠，但是 1946 年的人口数据特别是华北地区多为共产党占领区，因此并没有进行实际的人口调查，有些是根据战前数据估测的。第二，抗日战争时期的国统区是主要的兵源地，其中军人的伤亡以及参军人口并没有计入 1946 年的统计。这些都造成了数据的不准确，但是我们还是可以大体看到抗战期间的中国人口变化的。

可以看到 1936—1946 中国人口变化图（图 4）中除东北地区、热河省（位于目前河北省、辽宁省和内蒙古自治区交界地带）、山西省、广西省、贵州省和青海省西部地区外，其他所有地区均出现了人口负增长的情况，这表明抗日战争期间给中国绝大部分地区出现了人口负增长的情况。

（二）人口负增长原因分析

毋庸置疑，战争是导致人口负增长最主要、最直接的原因。1937—1945 年抗日战争中，由国共双方公布的统计数字合计，中国军人死亡人口数字为 1 911 583 人，平民死亡人口为 760 万人，军民死亡共 950 万[①]。而从图 5 中也可直观地看到，战火所触及的区域人口基本都出现了负增长的情况。除战争造成的直接人口损失，战争的暴发，对人口产生多方面的负面间接影响。如生活质量的下降、社会服务的缺失、基础设施的损坏、公共卫生得不到保障、流行病的蔓延，而男性青壮年服役所引起的死亡率上升、结婚率下降、生育率下降，也降低了人口的增长速度。

其次是灾荒。根据《中国灾荒史记》记录[②]，1936 年至 1946 年中国水灾、旱灾、虫灾、疫病各种灾情连年不断，往往各种灾情并发。受到战争的影响，医疗、社会服务水平下降甚至缺失，致使灾民家破人亡、被迫离乡。是导致这 10 年间人口负增长的另一重要原因。以 1938 年的“花园口事件”及 1942 年、1943 年的中原大荒灾为最。花园口决口事件是一场“以水代兵”的人为灾难，据《中国洪水史》所述从 1938 年一直持续到 1947 年，致使豫皖苏三个省，44 个县市，1 250 万人口受灾，死亡 89 万人。是近代史上一场巨大灾难。然而，沙淤、旱荒和蝗害等次生灾害，也纷纷降落到千百万灾民的头上。在 1942 年、1943 年两年，一场旷日持久的特大干旱，夹杂着蝗、风、雹、水等各种灾害，横扫了黄河中下游两岸的中

---

① 侯杨方：《中国人口史》（第六卷，1910—1953），页 582。
② 孟昭华：《中国灾荒史记》，北京：中国社会出版社，1995，页 729 -732。

原大地[1]。灾民共计 3 000 余万，饿死约 300 万人[2]。

灾害的发生不仅导致了人口的直接死亡，也间接地抑制了生育率和结婚率。使其长期对人口增长产生副作用力。

根据 1911—1936 年的人口增长率计算，1946 年中国的人口将达到 5.87 亿，这比 1946 年的实际人口多出 6 000 多万，这说明抗日战争及自然灾害对中国造成的人口损失是巨大的。

（三）人口迁移

人口迁移的趋势通常是由经济社会发展不平衡而造成的，传统的人口迁移方向一般是向发达区域的迁移。[3] 抗日战争的暴发则改变了这一趋势，反而是由较发达地区向经济落后地区迁移。对当时流民人数的估计，专家看法各不相同。通过《中华民国史》第三卷对战区各省市难民及流民人数统计（见图 5），我们对这一格局可窥见一斑，以河南、湖南、江苏和山东的难民人数为最。再结合县级沦陷区图（图 6，图中数值为 1 的区域为沦陷区），不难看出，此十年的人口迁移与战争存在着必然的关系。

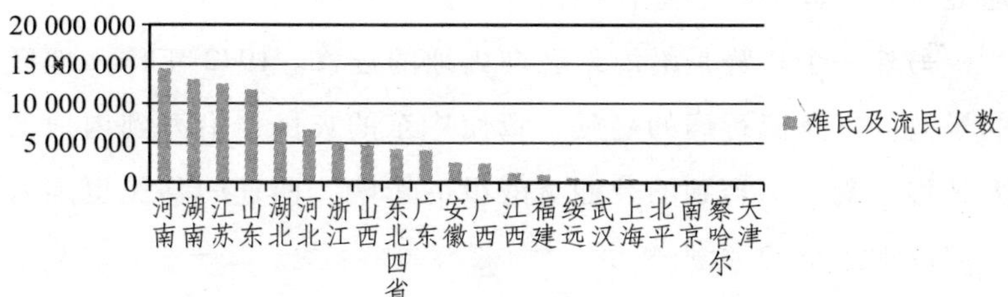

图 5　战区各省市难民及流民人数

① 李文海：《中国近代十大灾荒》，上海：上海人民出版社，1994，页 269。

② 夏明方：《抗战时期中国的灾荒与人口迁移》，《抗日战争研究》2000 年第 2 期，页 69。

③ 忻平：《试论抗战时期内迁及其对后方社会的影响》，《华东师范大学学报》1999 年第 2 期，页 9。

人口迁移的重要趋势之一是向东北的移民。图 4 中显示东北地区的人口正增长是最为明显的，也是增长率最快的地区。这主要是由于在此期间的东北地区是日本占领了的非战区，本身没有受到过多战争的影响，死亡率偏低。日本在全面抗战暴发后，实行以战养战的策略。为了开发东北的战略资源，日本从 1938 年开始改变以往限制中国关内移民进入东北的政策，转而鼓励乃至强制关内青壮年劳动力迁入东北。大批关内移民的迁入，也是东北地区人口正增长的一大原因。[①] 据统计，1936—1942 年进入东北的人数就达 5 402 172 人。[②]

人口西迁，是抗战时期人口迁移的另一主流。抗日战争开始以后，国民政府西迁，我国的政治、经济及文化重心也逐步西移，这对抗战初期人口迁移的路线起到了指导和引领作用。[③] 而 1942 年的中原大旱，广大灾民纷纷向后方的抗日根据地转移，再次掀起了灾民西迁的高潮。抗战后期，豫湘桂战役推动了抗战时期最后一次巨大的人口迁移浪潮，豫省民众除就近避入安全地带外，大都向陕西、甘肃迁移。湘、桂等地难民则向四处避难，其中不少迁往西南地区。[④]

另外一个趋势是沿海地区向内地的迁移。1942 年广东地区的旱情，以及流行病的蔓延，致使广东的灾民由沿海到内地的大迁移。受上文提到的豫湘贵战役的影响，西迁的移民也加入了向内地逃难的大潮。

---

① 张根福：《抗战时期人口流迁状况研究》，《中国人口科学》2006 年第 6 期，页 79。

② 松村高夫：《满洲矿工年鉴》，新京：东亚文化图书株式会社，1944，页 70。

③ 张根福：《抗战时期国民政府迁移对抗战局势的影响》，《浙江师范大学学报》2007 年第 5 期，页 75。

④ 张根福：《抗战时期人口流迁状况研究》，页 76。

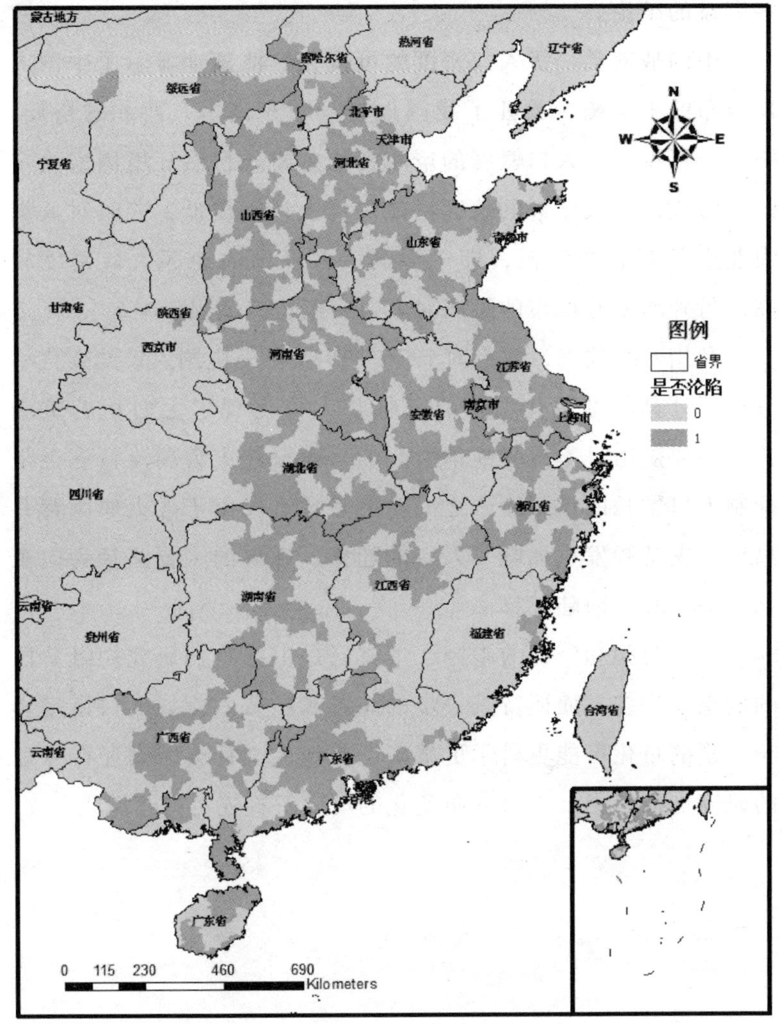

图6　1936—1946 年县级沦陷图

五、结论与展望

本文利用 GIS（地理信息系统）技术和定量统计方法对中国 1936—1946 年人口的分布及变化进行了综合分析，得出一些有益的结论。

中国战前县一级人口密度的可视化，清晰地显示了中国人口分布的不均衡，验证了我国人口分布东南密、西北的格局。统计分析说明，人口密度的空间变化主要是自然环境因素决定的。海拔高、坡度大的地区耕地少，人口密度低，同时对人类农业生产有利的气候，即气温高、多降雨的地区人口密度较高。另外离中心城市的距离对人口密度也有明显影响。

利用 GIS 技术，我们对 1936—1946 年间中国人口的变化率进行了计算和可视化。总的态势是人口出现了大面积的负增长。主要是由日本侵华战争引起的，而自然灾害和流行病也是抑制人口增长的重要原因之一。大多数难民由于战火原因背井离乡，灾荒频发更加剧了人口的迁移。迁移的主要路径为向东北、向西和向内陆迁移。

由于时间和资料的限制，本文只是汇报我们研究初级阶段的成果，许多方面还待进一步的完善和扩张。例如人口密度影响因素的量化可能更科学更精确，其他人文社会因素还待今后的研究加以考虑，人口分布变化的历史解释还有待于深入。

第三编　法律空间

清末民国时期上海律师业的扩张：群聚、蔓延与转移

孙慧敏

一、前言

相对于西式医疗、会计与建筑，西式法律专业很晚才在上海出现。一份1850年时编制的沪上外侨名单显示，当时上海已出现西医、会计人员与建筑师，但却完全看不到法律专业人士的身影。[①] 学界目前对晚清上海律师业发展情形的了解仍十分有限，陈同则是此一领域重要的拓荒者。根据他的研究，上海在1860年前后开始出现律师的活动。此后40年间，上海的律师人数从未超过15人，直到1900—1912年间才出现第一次大幅扩张。律师人数迅速地从15人增加至46人，律师的国籍

① "List of Foreign Residents in Shanghai, 1850," *North China Herald*, vol. 1, no. 1 (August 8, 1850), p. 1.

也逐渐多样化。[①]

辛亥革命前夕，华人开始加入上海律师的行列。1909 年在英国林肯律师学院（Lincoln's Inn）取得出庭律师（barrister）资格的丁榕（1880—1957）[②]，回国后加入上海著名的高易律师事务所（Hanson，McNeil and Jones），成为第一位在上海执业的华人律师。1912 年 9 月中华民国政府开始核发律师执照后，上海的华人律师数量显著增加，至 1925 年 4 月时，上海律师公会的会员人数已达 156 人。[③] 1926 年中国政府收回上海公共租界会审公廨主权后，外国律师丧失承办租界地区华务案件（即华人与华人之间的民事诉讼）的权利，上海的华人律师群体自此进入大幅扩张阶段。根据上海律师公会的统计，1926—1935 年间，该会会员人数从 235 人攀升至 1 282 人，增幅高达 4.46 倍！[④]

清末民国时期上海律师业在数量上呈现大幅扩张的趋势，但这是否意味着他们在空间上也有所扩张？笔者在 2002 年撰就的博士论文中，曾根据各类律师名录里列示的地址数据指出：20 世纪头 10 年上海的律师事务所主要聚集在英国领事馆附近的圆明园路、博物院路、北京路和香港路上。20 世纪 20 年代以后，律师的分布区域逐渐往外扩张，越来越多的律师（尤其是非英籍律师）选择在上海最繁华的商业区开业。到了 1934 年时，公共租界的南京路与法租界的爱多亚路，已成为律

---

① 陈同：《近代社会变迁中的上海律师》（上海：上海世纪出版公司，2008），页 42 - 43。

② Sir Ronald Roxburgh，*The Records of the Hon. Society of Lincoln's Inn：the Black Books*（London：Lincoln's Inn，1968），p. 437.

③ 《上海律师公会会员录》，《上海律师公会报告书》，第 14 期，1925 年 6 月，页 1 - 10。关于 1913—1927 年间上海律师公会会员人数的统计与分析，详见陈同：《近代社会变迁中的上海律师》，页 174 - 180。

④ 《上海律师公会会员统计表》，《上海律师公会报告书》第 34 期，1936 年，页 240 - 241 间夹页。

师事务所最密集的马路。[1] 笔者当时所见到的律师名录虽都记载了律师事务所的详细地址，但笔者当时只能针对"道路名称"进行统计与分析。晚近陈同也以同样的方法来研究1930—1946年间的《上海律师公会会员录》，得出律师事务所向来集中在租界地区"主要马路"的结论。[2] 笔者与陈同所采取的这种"文字导向"的研究方法，虽可在一定程度上呈现上海律师业的分布状况，却存在一个严重的缺陷，即忽略同一道路两端的距离及不同道路相互交会的可能。克服这项缺陷的唯一办法，就是设法将名录中那些描述空间的文字还原到空间当中。

近年来，随着空间信息科技的普及化，绘制地图所需的资金与技术门槛大幅降低；而大比例尺上海历史地图的重新出版以及上海历史文献的数字化，则使研究者能够更便利地结合历史文献与空间信息。本文因此尝试将若干律师名录中的地址数据绘成地图，然后讨论空间视角的导入，究竟能够在多大程度上丰富、深化我们对20世纪上海律师业发展过程的认识。

二、清末上海律师业的扩张：以英、法领事馆为中心的蔓延

19世纪末上海的行名录是研究晚清上海律师业发展的重要史料，其中记载了律师的姓名、国籍以及事务所地址，但因此一史料不易取得，本节对晚清律师事务所地址的整理与分析，

---

① 孙慧敏：《建立一个高尚的职业：近代上海律师业的兴起与顿挫》，台湾大学历史学研究所博士论文，2002，页196－200。

② 陈同：《近代社会变迁中的上海律师》，页136－140。

主要是以商务印书馆在1909年出版的首部《上海指南》为根据。[①] 此书卷9"律师"项下一共罗列了28家律师事务所的资料[②]，其中除了列示律师事务所的名称、国籍与地址之外，更标明该事务所已成立若干年。通过整理、分析这些信息，研究者不仅可以看到1909年上海律师业的状况，也能一窥此前的律师业发展轨迹。

表1　1909年律师事务所所在道路统计

路名	圆明园路	法大马路	北京路	博物院路	南京路	四川路	江西路	二洋泾桥	外洋泾桥	九江路	香港路	黄浦滩路	合计
数量	7	4	3	2	2	2	2	2	1	1	1	1	28

不可否认的，研究者一看到这份名录，马上就能从描述事务所位置的文字中察觉晚清律师的集聚性。正如表1所显示的，1909年时上海1/4的律师事务所都聚集在圆明园路上。如果再仔细地看一下这7家事务所的门牌号，更会发现其中4家根本就比邻而居。[③] 不过，读者也可能会认为"其他3/4的律师事务所'散布'在其他11条道路上"。那么，究竟1909年时的律师事务所是聚集的还是散布的？为什么会有那么多事务所聚集在圆明园路上？这些都是地址文字本身无法解决的问题。

---

① 《旅行必携·上海指南》（上海：商务印书馆，1909），卷9，页3－4。

② 若以最保守的方式来估算这28家事务所的律师人数，即每个事务所无论有几位合伙人都只算作1人，然后加计列有详细姓名的帮办律师，则此名录一共列示了38位律师，这个数字与陈同从行名录中找到的43位律师相当接近。

③ 圆明园路20号至24号，依序是威金生、博文、博易、高易四家事务所。

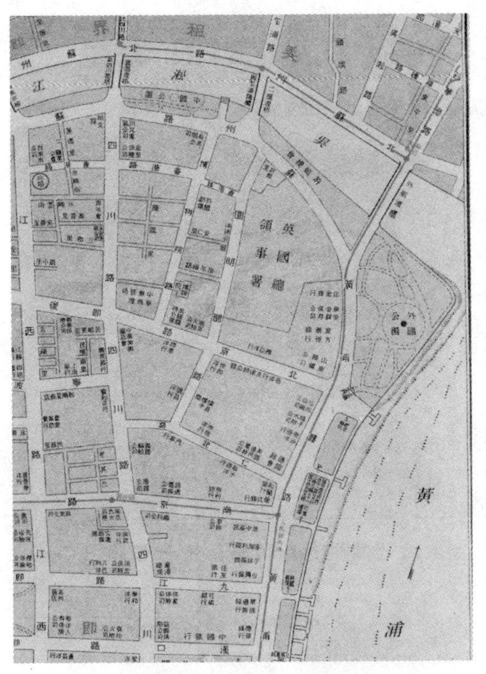

图 1　英国领事馆附近图（1918）

资料来源：王荣华主编，《上海英租界分区图（1918 年）》，上海：上海辞书出版社，2007。

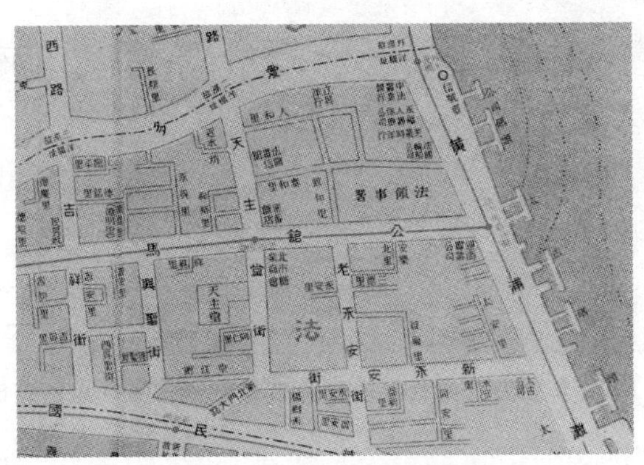

图 2　法国领事馆附近图（1918）

资料来源：王荣华主编，《上海法租界旧区分区图（1918 年）》，上海：上海辞书出版社，2007。

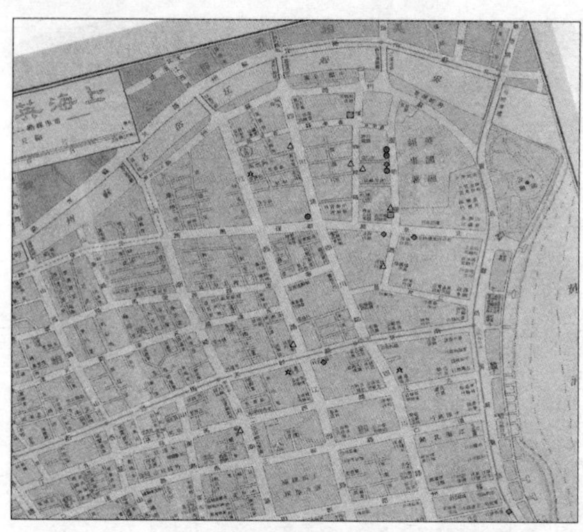

图 3　1909 年上海公共租界律师事务所分布图（以成立时间区别）

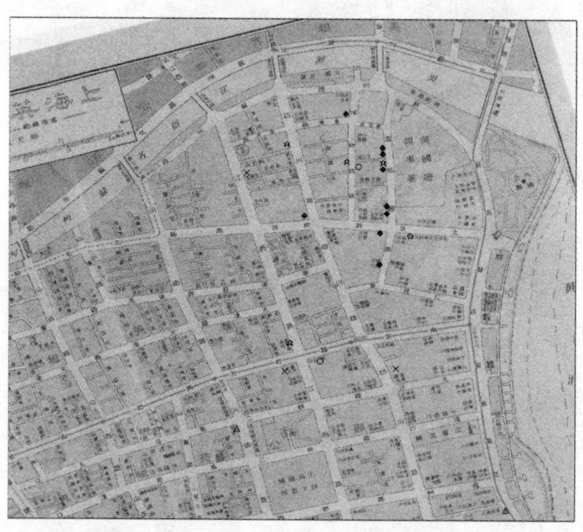

图 4　1909 年上海公共租界内律师事务所分布图（以国籍区别）

通过查阅英、法两国领事馆附近的地图（图 1、图 2），研究者将会发现，表 1 中所列示的 12 条马路其实都辐辏交会于领事馆附近。另一方面，研究者也可从这两张大比例尺地图中，推敲出圆明园路与法大马路之所以受到律师事务所青睐的原因。根据图1所标示的英国领事馆轮廓，与英国领事馆直接相邻的马路只有苏州路与圆明园路。虽然英国领事馆面向苏州路，但由于苏州路的另一侧已是吴淞江滨，因此早期的上海律师如果想要将事务所设置在英国领事馆附近，圆明园路显然是比较好的选择。图2则显示，法国领事馆不只紧临还面对着法大马路（即图中的"公馆马路"），法大马路成为法租界中的律师事务所集中区，因此也就不足为奇了。

清末上海的律师为何偏好将事务所设在英、法领事馆附近呢？达文特（C. E. Darwent）在1904年出版的旅游手册中提供了一个重要线索：

> 警察法庭（Police Court）位于［英国］领事馆入口的右方，往里走是船务办公室，楼上则是领务办公室与地政办公室。英国最高法院（The British Supreme Court）则在这栋房子后面，面向圆明园路。这栋十分气派的建筑，建于1869年。①

由此可见，圆明园路之所以备受清末上海律师青睐，就是因为它是英国在华最高法院的所在地。同样的原则显然也适用于法租界，因为法国领事馆内不只设有处理在沪法国人司法事务的领事法庭，1915年以前，就连法租界会审公廨都设在领事馆里。②

1909年版《上海指南》所列示的28家律师事务所中有21家位于英租界，其中18家的记录载有成立时间。在按照成立

---

① C. E. Darwent, *Shanghai, A Handbook for Travellers and Residents* (Shanghai, Hongkong, Singapore, and Yokohama: Kelly and Walsh, Limited, 1904), p. 4.

② 上海市档案馆编：《上海租界志》（上海：上海社会科学院出版社，2001），页293－294。

时间长短，将这18个律师事务所的地址绘成地图后，清末律师业的蔓延现象立刻昭然若揭。图3指出，在4家成立20年以上的事务所中有3家位于圆明园路上，唯一的例外是经常在华洋诉讼中担任华方代理人的担文律师事务所。随着律师事务所数量的增加，律师事务所的分布区域开始往西、往南蔓延，而南向的蔓延尤其明显。图4则显示，圆明园路上的律师事务所，除了美国籍的博文之外，都是英国律师；所有的英国律师，除了担文以外，全都聚集在圆明园路附近。或许是因为英、美两国法律系出同源的缘故，美国律师事务所也倾向集聚于英国在华法院附近，但除了博文成功进驻圆明园路以外，其他事务所只能退而求其次地选择圆明园路西边的博物院路和四川路；资历最浅的礼明更选择到更西南边的江西路、南京路口开业。至于非英美籍的律师，则除了意大利籍的穆安素律师事务所，以及曾经留学美国的日本律师菊池虎藏之外[①]，全都分布于南京路以南地区。

清末上海英租界里的律师并不只能在英国在华最高法院出庭，自1866年起，他们便开始承办在会审公廨里审理的华洋诉讼案件。[②] 从1909年版《上海指南》中罗列的律师事务所几乎都聘有华籍翻译及文案看来，他们显然都将华人视为潜在客户，将华洋诉讼视为潜在案源。不过，这些律师事务所却始终没有随着公共租界会审公廨迁徙的轨迹，往西深入华人聚居区。[③]

---

① 菊池虎藏毕业于美国密歇根大学法科。《外籍律师名簿，1930年4月至1940年》，《江苏高等法院第二分院档案》，上海市档案馆，Q181-1-422，页34。

② Anatol M. Kotenev, *Shanghai: It's Mixed Court and Council, Material Relating to the History of the Shanghai Municipal Council and the History, Practice and Statistics of the International Mixed Court* (Taipei: Cheng-wen Publishing Company reprint 1925 edition, 1968), p. 61.

③ 英租界里最早的华洋诉讼审理机构——洋泾浜北首理事衙门，设在英国领事馆旁的北京路外滩。1869年成立的会审公廨则设在香粉弄（南京路、福建路口），1882年往西迁至南京路、广西路口，1899年迁至苏州河北岸、与华界的闸北毗邻的北浙江路上。上海档案馆编：《上海租界志》，页292。

前人对清末上海法律史的研究常以会审公廨为核心[①]，但会审公廨所能审理的华洋诉讼案件都是以华人为被告的案件，至于以享有领事裁判权保护的外籍人士为被告的案件，则必须在各国领事法庭审理。清末律师集中在外国法庭外围，却又普遍聘用华籍文案、翻译人员，显示清末律师所承接的华人案件，主要是以华人为原告、在外国法庭审理的案件。果真如此，1900—1912 年间上海律师业的扩张，可能就不只是因为上海地区的中外经贸活动益趋频繁所致。中国人在国家司法主权遭受外国侵夺的情况下，越来越懂得运用律师制度，到外国法院里争取自身的权益，或许是律师业扩张的根本原因。[②]

三、中国律师出现以后：群聚形态的延续与转变

1912 年初，在沪军都督府卵翼下成立的“中华民国律师总公会”，便开始在上海、苏州等地展开律师资格审查与执照发放作业，但直到同年 9 月北京中央政府公布〈律师暂行章程〉后，中国律师制度才正式成立与定型。[③]

在 1914 年版的《上海指南》[④] 中，一共列示了 28 家外国律师事务所与 15 家中国律师事务所的地址数据。该版列示的外国律师事务所数量虽与 1909 年版相同，但内容则出现很大

---

① Thomas B. Stephens, *Order and Discipline in China*, *the Shanghai Mixed Court*, 1911 - 27 (Seattle and London: University of Washington Press, 1992)；杨湘钧：《帝国之鞭与寡头之链——上海会审公廨权力关系变迁研究》（北京：北京大学出版社，2006）。

② 关于清末中国商人如何巧妙地运用西方法律制度来争取或维护自身的权益，参见本野英一：《伝统中国商业秩序の崩坏》（名古屋：名古屋大学出版会，2004）。

③ 关于辛亥革命前后上海华界实施律师制度的过程，参见孙慧敏：《中国律师制度的建立——以上海为中心的观察（1911 ~ 1912）》，《法制史研究》2001 年第 2 期，页 121 - 154。

④ 《上海指南》（上海：商务印书馆，1914），卷 7，页 7 - 8。

的变化：一是法国律师事务所从 7 家变成 3 家，且全部集中在公馆马路上；二是公共租界律师业的重新洗牌。在 25 家设在公共租界的律师事务所中，只有 16 家是 1909 年时已经成立的老牌号，但其中 10 家已经迁址，而担文、哈华托与佛威等事务所更显然已经改组。

1914 年公共租界里的外国律师事务所比 1909 年时更往英租界东北角地区集中。许多原本设在外围的律师事务所纷纷向英国领事馆方向集聚，而绝大多数的新事务所都选择设在圆明园路附近。1914 年版《上海指南》提供的律师国籍数据不像 1909 年版那样完整，但在国籍可知的律师中，英国律师还是占多数，且都将事务所设在北京路（含）以北地区。至于设在北京路以南的 4 家事务所，则分属德、意、日籍。英租界东北角在民国以后不但继续受到外国律师青睐，且有更受重视之势，这可能与美国在华法院的渐上轨道有关。该院于 1907 年初创建，院址设在美国领事馆，与英国领事馆隔着吴淞江对望。也就是说，将事务所设在英租界东北角地区，使律师们可以更方便的承接英、美两国法院的案件。俄国籍的史特孟是唯一一位"离群索居"的外国律师，他将事务所设在公共租界西部的静安寺路 102 号，但他的考虑或许和他的英、美同业差不多，即尽量靠近俄国领事馆所在地——静安寺路 121 号。

相较于外国律师事务所，中国律师事务所显得相当分散。1914 年版《上海指南》所列示的 15 家中国律师事务所，有 5 家设在公共租界中区，其中只有 3 家设在外国律师事务所集聚区内，即拥有英国出庭律师执照的丁榕、美国耶鲁大学法学院毕业的朱斯芾，以及可能也曾在英、美国家受过教育的俞惠民。他们分别将事务所设在圆明园路、博物院路与香港路。另两位律师陈则民、黄焕升则将事务所设在华人聚居、商业繁盛的福州路东西端。5家设在县城里的事务所，全都设在上海地方审判厅附近。其中前上海地方检察厅检察官黄镇磬与前司法部次长徐谦，除了合用三牌楼街的事务所外，还在法租界白尔路合设另一事务所，该事务所也是法租界里唯一的中国律师事务所。其他几位中国律师则多选择将事务所设在交通方便的新兴商业住宅区，如跑马厅北边的静安寺路附近、公共租界会审公廨附近，乃至越界筑路地区的横浜桥一带。这些地区虽然和市中心区有段距离，但都可通过电车便利地往来市中心区、法院与事务所。

根据陈同公布的1915年上海律师公会会员录，50名会员中只有37位在上海设有事务所，但其中12位都将事务所设在县城内，且集中在县署附近的彩衣街、太平街与三牌楼街上。不过，到了1917年时，只有金鸿翔、陈金镕、苏钟绰还留在城内。[①] 原先就在法租界设有联络处的黄镇盘，在1917年时，已正式将法租界白尔路的联络处登记为事务所。除了黄镇盘以外，还有3位律师也将事务所迁入法租界，而他们所选择的地点都在白尔路附近的新兴商业住宅区。其余6位律师，1人迁往静安寺路附近的帕克路，3人迁至苏州，2人退会。[②]

1917年，上海律师公会的会员已增至256人，其中217人在上海设有事务所，比率较1915年时高出10%。当时虽有许多较资深的律师选择迁出县城，但却有更多的新进律师选择将事务所设在县城里。从1917年上海律师公会会员录可以看到，当时城内至少有38位律师，此外还有将近40位律师将事务所

① 根据笔者所见的1917年会员录原持有者所作注记，陈金镕不久以后也将事务所迁入法租界。

② 陈同：《近代社会变迁中的上海律师》，页176－178；《上海律师公会会员录》（上海：上海律师公会，1917）。

设在县城外围的南市地区。就具体的位置分布来说，华界的律师事务所已不再局限于县城中心区的三牌楼街、太平街，及从东门往县城中心延伸的彩衣街一带，而有往西门外、南门外蔓延的趋势。这可能与上海拆城后环城电车线建置完成，以及上海地方审判厅与检察厅南迁有着密切的关系。[①]

四、中国律师业的扩张

上海律师公会在1921年初公布的会员录，提供了281位律师的姓名、年籍与地址数据，这可说是1926年以前收录人数最多的一份会员录。虽然许多列名其中的律师长期欠缴会费，也不参与公会活动，甚至可能并不常驻上海，但通过统计该会员录所提供的各项资料，研究者至少可以一窥这些曾经选择到上海执业的律师究竟来自何方？又如何选择他们一施拳脚的场所？

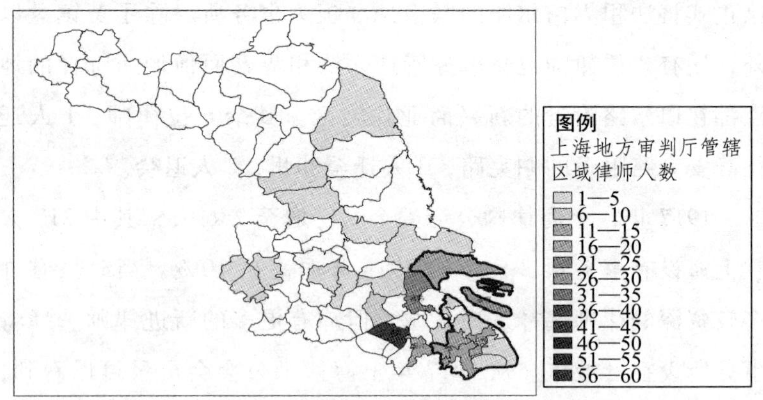

图5　江苏籍上海律师公会会员的县籍分布

资料来源：《中国历史地理信息系统（CHGIS）》，上海：复旦大学历史地理研究中心，2003。

① 《上海律师公会会员录》（上海：上海律师公会，1917）。

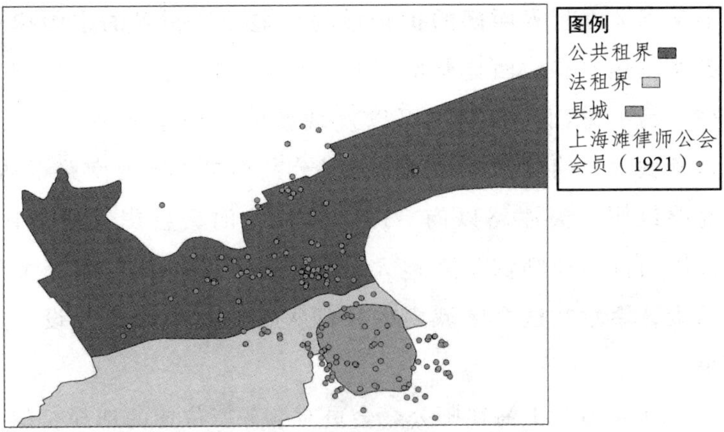

图 6　上海律师公会会员事务所分布图（1921）

陈同已然指出，名列 1921 年会员录中的律师分别来自 10 个省份，其籍贯分布展现出上海作为移民城市的特质。陈同还注意到，尽管从省籍来看，江苏籍律师构成了上海律师公会的骨干（82%），但籍隶上海县者实际上却并不多见（5.3%）。[①] 图 5 则显示，上海律师公会中的江苏籍会员大多来自上海地方审判厅管辖区域外的县份，其中又以吴县籍者最多。令人讶异的是：在来自上海地方审判厅管辖区域内各县的律师中竟以崇明籍者人数最多，其中缘由尚有待考察。

运用最近重新出版的 1918 年上海地图以及“中央研究院”近代史研究所制作中的“近代中国城市数据库”，笔者找出 271 位上海律师公会会员的事务所大致位置。图 6 显示，20 世纪 10 年代中叶逐渐成形的中国律师事务所集中区，如旧县城西部与法租界交界地带、静安寺路跑马场附近，在 1921 年前后仍继续受到上海律师公会会员的青睐。当然，随着律师人数的扩增，律师事务所的分布范围也有显著的扩张，

① 陈同：《近代社会变迁中的上海律师》，页 179。

其中又以公共租界西部的扩张最为明显。法租界的中国律师事务所虽然也有向西蔓延的趋势，但仅限于与公共租界交界地带。另一方面，我们也可以发现新的律师事务所集中区：一是县城大东门外南市地区，二是公共租界中区河南路以西、湖北路以东、天津路以南、广东路以北的繁盛华人商业区。或许因为许多律师都是外地人，而公共租界中区的租金又十分昂贵，聚集在这个区域内的律师大都直接把事务所设在旅馆里。

1921年时的上海律师公会会员对事务所位置的选择，似乎不像1909年时的外国律师那样以法院的位置为主要考虑。由于绝大多数的上海律师公会会员都不是本地人，他们在到上海执业时往往呈现同乡群聚的现象。举例来说，上海籍律师多半聚集在城内或县城附近（图7），崇明籍律师则偏好东门外的南市地区且常共享事务所（图8），规模最庞大的吴县籍律师则偏好将事务所设在公共租界中区（图9）。

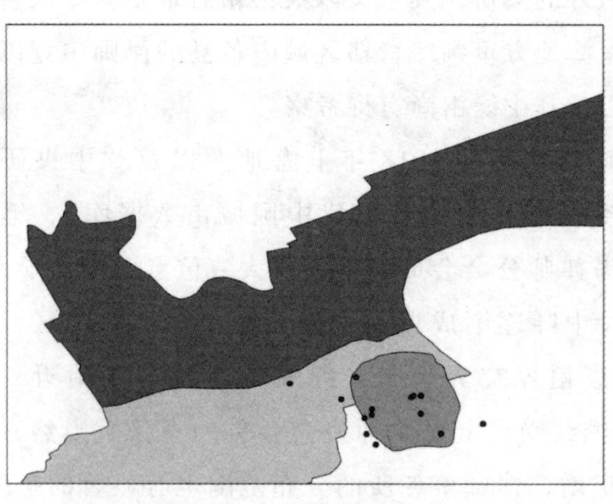

图7　上海籍律师事务所分布图（1921）

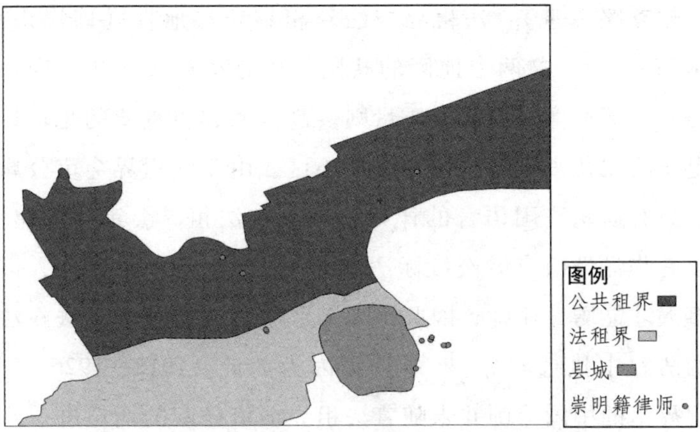

图 8　崇明籍律师事务所分布图（1921）

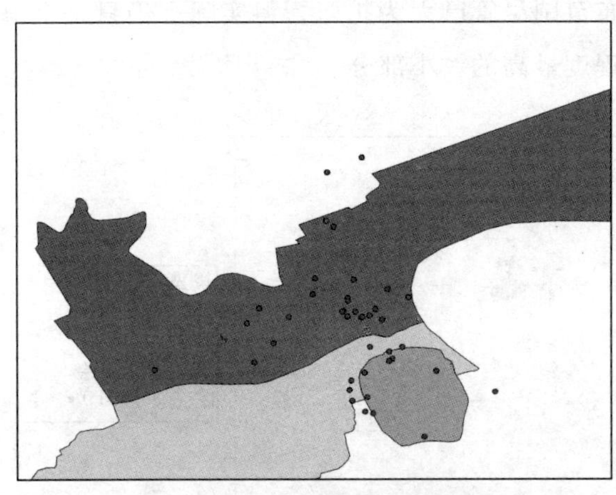

图 9　江苏吴县籍律师分布图（1921）

1912—1926 年间的上海，无论是外国律师事务所还是中国律师事务所，在数量上都呈现扩张状态，而中国律师的扩张速度又比外国律师高出许多，中国律师事务所的分布因此呈现更明显的蔓延趋势。或许是为了兼顾会审公廨与地方审判厅的诉讼业务，以及市中心区的非讼业务，许多中国律师倾向往公共租界中区与西区的交界地带（即跑马厅附近西藏路、静安寺路、帕克路一带)、法租界与法新租界交界地带（即嵩山路、白尔路一带)。这两个地区的共同特色是房租成本通常会比市中心商业区低廉，而居住质量则会高一些，更重要的是可以通过电车路线往来于各法院与市中心区。由于法租界会审公廨规定，只有通晓法国语言的律师，才能在法租界会审公廨出庭；且只有华洋诉讼或诉讼目标达 1 000 两以上的民事案件，诉讼当事人才能聘请律师，因此绝大多数中国律师根本无法在法租界的法院中执行职务。[①] 或许正因为如此，1912—1926 年间，法租界里的中国律师并未随着法租界会审公廨的西迁进一步往西蔓延。不过，从图 10 可以清楚地看到，1912—1926 年间，中国律师业的分布范围尽管已大为扩张，但实际上仍只是上海县辖区内都市化程度最高的一小部分。

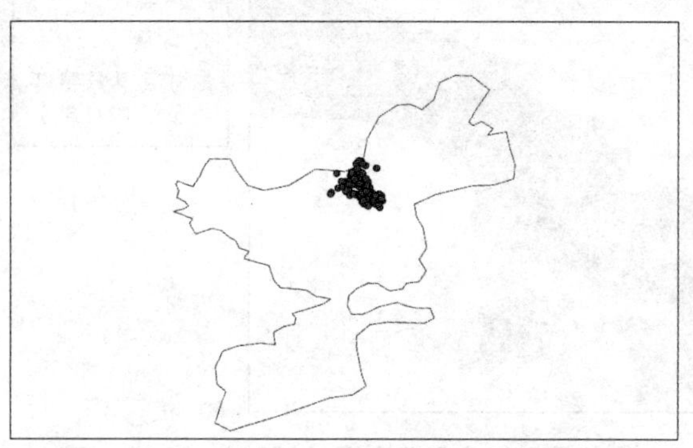

图 10　高度集聚的上海律师业

五、中国律师跻身南京路：20 世纪 30 年代中期的新潮

1927 年以后，随着公共租界、法租界会审公廨的主权陆续

① 《上海指南》，1914 年版，卷 2，页 12。

收回，外国律师丧失承办华人案件的权利，加上国民政府统治上海之初采取相对宽松的法学院校设立政策，1926—1932年间上海的中国律师人数从235人激增至1 006人，增长达4倍之多。[①] 陈同根据1930年上海律师公会会员录所作的统计显示，当时中国律师事务所最多的3条马路，分别是公共租界中区的北京路（41人）与四川路（33人），以及公共租界西区的白克路（31人），至于上海最繁华的南京路，则只有17位中国律师在此设立事务所，而一度备受中国律师青睐的静安寺路，则只有9位律师在此设立事务所。[②]

公共租界精华区的西拓，使跑马厅附近静安寺路的房租成本渐趋高昂，许多律师因此望之却步。1929年初，政坛失意的前司法总长张耀曾准备在上海开展崭新的律师生涯，他先是到法租界找房子："走七八处，价相当者太小，稍可观则价奇昂，怏怏而归。"[③] 隔天他便到白克路一带看房子，经过数日寻觅比较，他终于选定白克路、大通路交叉口的大通里，作为在沪事业的起点：

> 新居两楼两底，后附小楼两间，中式略参西式，既不华，亦不敞，月租八十七元。余取其可兼住宅与事务所两用，故居之，求合吾近来简俭之主张也。以较吾北平静长园清旷舒敞，直天渊矣。[④]

① 《上海律师公会报告书》，第33期，页238－239间夹页。

② 陈同：《近代社会变迁中的上海律师》，页137。

③ 张耀曾：《求不得斋日记》，载杨琥编：《宪政救国之梦——张耀曾先生文存》（北京：法律出版社，2004），页250。

④ 张耀曾：《求不得斋日记》，载杨琥编：《宪政救国之梦——张耀曾先生文存》（北京：法律出版社，2004），页254。

张耀曾在入住以后，很快就发现新居的交通不太方便："在沪每日外出，深以无车为不便。沪居多用汽车，力苦未逮，乃置洋车代步。"① 3个多月后，张耀曾决定和他的邻居沈钧儒、李肇甫等四人，共同在静安寺路兴和坊设立事务所。② 由此可见，在1930年前后，即使是像张耀曾这样的律师，也已无力在交通便捷的公共租界中、西区交界地带设置事务所。

到了1934年，情形却已完全改观。1934年上海律师公会会员录显示，在1 057位会员中，有118人将事务所设在南京路上，远高于居次的北京路与爱多亚路（均为72人）。至于在1930年时分居二、三名的四川路与白克路，则已退居四、五名，分别只有59人与36人。③

南京路上虽然出现了大量的律师，但这些律师并未均匀的散布在南京路上。在118位将事务所设在南京路上的律师中，竟有83位将事务所设在大陆商场。大陆商场是甫于1932年落成的崭新建筑，位居南京路精华地段，由名建筑师庄俊设计，主楼楼高8层，两侧为6层，低楼层作为商场，高楼层是出租办公室，整座建筑共辟有251间办公室。④ 曾将律师事务所设在此处的金雄白回忆，他当初之所以作这样的决定，主要的考虑在于：

> 上海最重噱头，排场万不可少，我就先租定了上海最繁盛地区南京路上大陆商场一大室，予以装修间

---

① 张耀曾：《求不得斋日记》，载杨琥编：《宪政救国之梦——张耀曾先生文存》（北京：法律出版社，2004），页259。

② 张耀曾：《求不得斋日记》，载杨琥编：《宪政救国之梦——张耀曾先生文存》（北京：法律出版社，2004），页269。

③ 上海律师公会：《上海律师公会会员录》（上海：上海律师公会，1934）。

④ 上海房地产志编纂委员会：《上海房地产志》，http://www.shtong.gov.cn/node2/node2245/node64514/node64527/node64619/userobject1ai58386.html.

> 隔，一位堂弟燠民是与我同时毕业的，就来做了我的助手。另外有三位同学，因问世之初，业务尚无把握，不敢像我那样的先事铺张，也与我商借了部分房屋，人家还以为也是我的帮办，这样就似模似样的以大律师身份，出现于十里洋场中了。①

金雄白清楚地指出大陆商场受到律师青睐的主要原因：地段佳、门面足，而房租负担又不重。除了大陆商场以外，同样位于南京路上的中国兴业银行大楼、女子银行大楼、四明银行大楼等高层建筑的出租办公室，也都有律师入驻。在北京路、爱多亚路上，律师同样多聚居于办公大楼之内。由此可见，20世纪20年代后期在公共租界中区展开的办公大楼兴建潮流，显然是使人数大为扩张的律师往公共租界中区聚集的重要因素。

六、结语

本文利用简单的空间信息系统，分析1909—1937年间上海中外律师的地址数据。虽然受限于时间，许多分析还不能充分开展，但从现有的成果中已可看到，空间信息科技的导入，除了可以协助研究者更细腻地描绘其集聚与蔓延的现象以外，更可协助研究者进一步探索现象背后的形成脉络，并发掘新的问题。

空间信息科技的发展，使研究者可以更便利的整理、分析空间信息，但在实际进行研究的过程中，笔者深刻地的感受

① 金雄白：《记者生涯五十年》（台北：跃升出版社，1988），下册，页49。

到，在将空间面向导入历史研究的过程中，我们经常感觉缺乏的往往不是整理、分析工具，而是空间信息本身。以笔者此次进行的研究来说，为了推估某一条马路上某一门牌号的位置，笔者往往必须在既有的大比例尺地图与《上海指南》里细琐的行号名录来回穿梭，但却很可能一无所获。当笔者终于能够大致描绘出上海律师业的分布状况时，却发现自己对那些律师聚集区的历史脉络一无所知。近年来，空间信息的网络化与共享化，为研究者带来很大的便利，但历史空间信息（尤其是以城市为中心的历史空间信息）还是相当不足。如何集合研究者的力量，克服此一障碍，显然是我们现阶段的重要任务。

北京都市法律文化的空间结构

吴海杰

一、引言

100年前，随清帝国结束，中国的社会制度出现重大改变。建基于西方思想文化的生活方式和制度，以不同形式和程度输入中国，与本土的传统文化、价值观和办事风格发生碰撞。而引入以西方法治理念为基础的司法制度，乃其中一个最重要的制度变更。本文试图通过了解二三十年代北京律师业和警察队的空间动态，去观察这场法律制度移植。把西方的法律文化全盘移植进中国固不可实现，要切断法律制度与传统文化的联系亦谈何容易；反而，传统文化和本土市场经济的发展近代中国法律文化的建构，一直起着重大的影响。研究传统法律、现代法律及市经力量之间互动，不仅有助了解近代中国法律文化的演变，对当代的法律改革亦可以带来一些启示。

新的法律制度除了带来新的日常生活规则和新的纷争解决方法外，还带来新的社会阶层和职业。律师和警察就在这个动荡多变的年代冒升起来的新兴行业。针对民国时期北京律师业和警察队的论述，过去多通过梳理档案文献和判例，以历史学、人类学、法理学或法律哲学等角度进行分析和思考，罕有利用空间结构来理解和论述中国法律文化。[①] 笔者会利用历史地理信息系统（Historical GIS）的技术，把来自北京市档案馆所藏的相关民国历史档案数据输入地理信息系统软件 ArcView，并把结果以地图方式显示，希望通过民国时期北京律师业和警察队伍的空间结构一个侧面，探讨中国近代的法律文化在其形成过程中，如何受到法律传统、西方的法治理念以及北京的市场经济所影响。地图显示方式方面会参照民国时期警察分区的管辖范围，把北京城分成若干区，1928 年以前为 20 个区（见图 1），1928 年以后为 11 个区（见图 2）。北京城的中心区在故宫，内区在北城，外区在南城，左区在东面，右区在城市的西面。[②]

---

① Anne K. Knowles, eds., *Placing History*: *How Maps*, *Spatial Data*, *and GIS Are Changing Historical Scholarship* (Redlands, CA: ESRI Press, 2008), pp. 1 - 25.

② 参考基础地图的数据源为民国二十六年付印的 1∶5 000 的《实测北平市内外城地形图》。笔者将有关法律文化的数据地点按照胡同的位置录入到数据库，通过地理信息系统软件进行分析和演示。历史资料主要来自几个方面：分区人口的数据源为民国二十六年出版，由北平市警察局编制的《北平市警察局户口统计图表》；寺庙的数据源为 1997 年出版，由北京市档案馆编制的《北京寺庙历史资料》；工商业、会馆、派出所、律师、警察人数、犯罪人数等数据源为北京市档案馆藏民国时期档案目录数据库档案号：J19，J65，J181，本文部分档案资料研究由香港特区政府研究资助局划定拨款资助完成（项目编号：450407）。

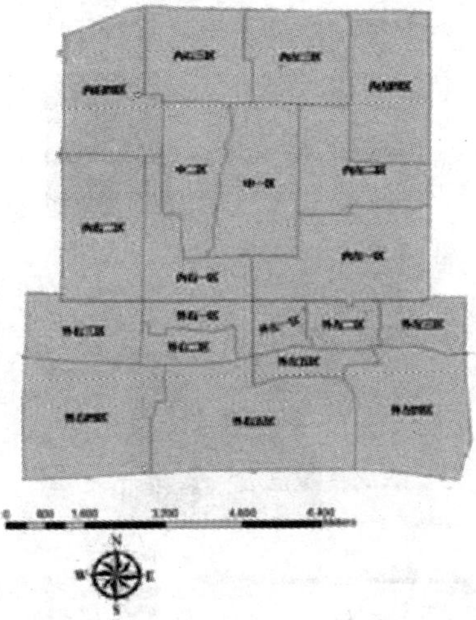

图1　北京城20区图

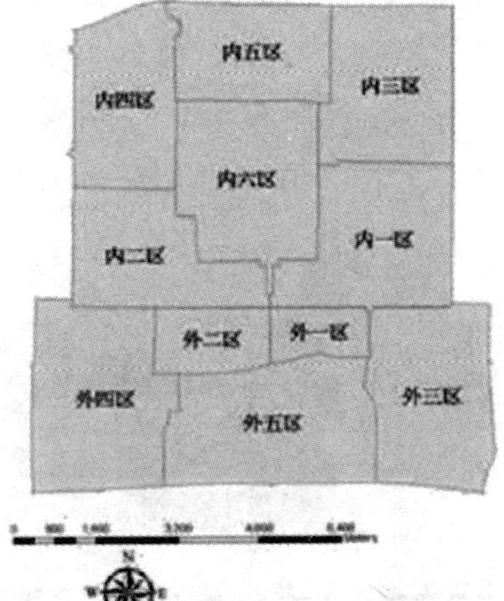

图2　北京城11区图

二、北京警察：传统与角色

警察是整个刑事司法制度（criminal justice system）最前线的代理人，负责在社会上判别什么人和事需要进入司法系统处理。了解民国警察的空间结构，可以从他们的资源分配和组织结构，了解传统文化和市场经济的发展如何影响20世纪初期中国的警务文化、警察功能和其角色建构。

谈到警察的功能和角色时，首先注意的多是地方保安，调查罪案和缉捕罪犯等工作。这里关注的问题是：警力的配置与当地罪案的空间分布情况是否相关连呢？图3至图6显示1927—1930年北京城内的犯罪人数分布，颜色越深代表该区的犯罪人数越多。结果显示，有几区的犯罪人数长期处于高水平，分别是外一区（即1927年的外左一区和外左二区）、外二区（即1927年的外右一区和外右二区）和外五区（即1927年的外左五区和外右五区）。外一区和外二区是北京城正阳门的

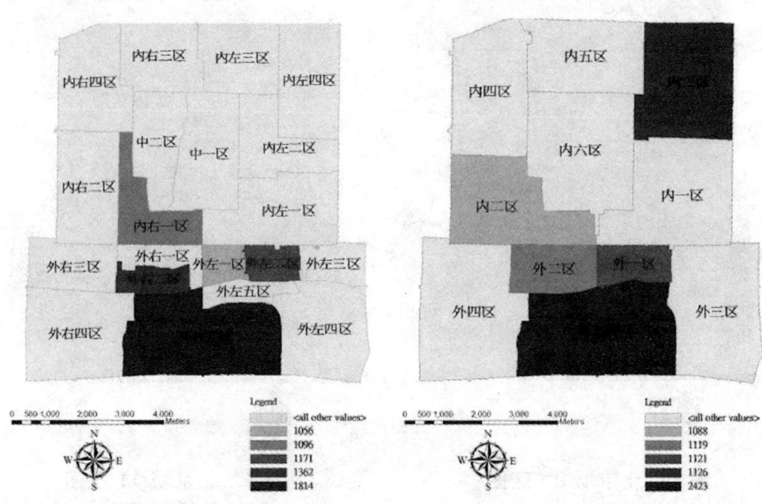

图3　罪犯人数首5区（1927）　　图4　罪犯人数首5区（1928）

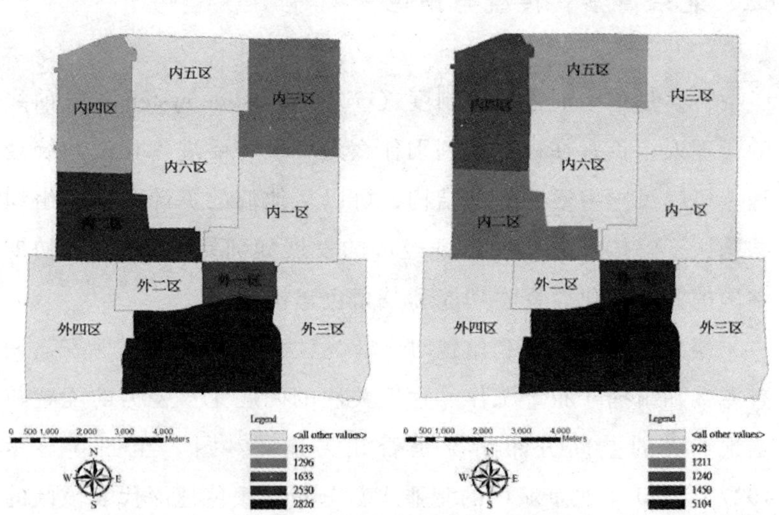

图5　罪犯人数首5区（1929）　　图6　罪犯人数首5区（1930）

传统工商业区和买卖市场，更有庙宇和会馆集中，经济活动蓬勃，人流密集，不难想像会吸引不法分子。而外五区内，特别是天坛西边和北边的一带，是北京著名的天桥市场，和正阳门不同，天桥主要集中地摊小贩卖卖小食，平民商品或二手衣物，亦有摆档算命，甚至替人治眼拔牙，天桥更以街头卖艺和杂耍闻名，但亦因此而龙蛇混集，经常有骗子盗匪出没。[①]

另一方面，笔者利用民国警察机关的分区巡警人数去分析每区的警察密度。如图 7 至图 10 显示，1927—1930 年北京城内的每区的警察密度有明显差异，长期维持高警力水平的分别是外一区（即 1927 年的外左一区和外左二区），外二区（即 1927 年的外右一区和外右二区），警察密度达每里 40—60 名巡察，而这些区域恰恰是犯罪人数最高的地方。虽然外五区（即 1927 年的外左五区和外右五区）的警察密度不高，这只是因为外五区的面积最大，相对摊薄了警察密度，如我们看看该区的巡警总数目，便知道外五区是全北京城其中一个最多警察驻守的警区。[②] 这是否意味市场和经济活动产生罪案，而罪犯人数的上升便导致警力的相应增强呢？这未必是故事的全部。当然调查罪案，缉捕罪犯乃民国警队的职责，但不是他们的全部责任。民国警察在外一区、外二区和外五区投放大量人手，是因为他们的日常工作和市场有直接关系。历史档案材料和民国时期的调查告诉我们，民国警察肩负了比一般现代警队繁多的任务，当中大部分和刑事侦缉或犯罪活动没有直接关系，反而和维持市场秩序和监督商业运作相关。例如他们每十天要巡视商

① Madelaine Yue Dong, *Republican Beijing*: *The City and Its Histories* (Berkeley and Los Angeles: University of California Press, 2003), pp. 172 – 207；成善卿：《天桥史话》（北京：生活·读书·新知三联书店，1990），页 339 – 383。

② Sydney D. Gamble, *Peking*, *A Social Survey* (New York: George H. Doran Company, 1921), p. 60（关于每区警察人数），p. 406（关于每区面积）.

铺一次，确保店铺人事变更按法律手续进行登记，另外亦要负责收取税款，检查账目，审查和监督商店建筑工程等，甚至清洁街道，燃点路灯，修桥筑路，污物运输和倾倒，街头和城门进出秩序都是民国警察机关的工作范围。[①] 因此，纵使罪案不发生，市场和经济活动集中的区域本身就需要警力去维持有秩序的运作。如果把警察派出所的分布和庙宇的分布比较，情况便更为清楚。如图 11 示，警察派出所的分布状态和庙宇的分布状态有明显关系，说明作为庙会交易，百姓聚集祭祀、社交联欢的庙宇，其位置是规划警察派出所位置时其中一个重要的考虑因素。更重要的是，民国北京警察并不是创造这些非典型警察职能的组织，他们只是这些传统警察文化的继承者。民国北京警察源自晚清步军统领旗下的人手，编制和资源，而北京警察成立的目的，部分是要代替日本在义和团事件之后，联合了地方乡绅为保护外国人而设立了的警察部队。[②] 而北京步军统领传统上除了负责查案灭罪之外，传统上一直负起民政市务等功能[③]，民国警察并未有完全改变这个传统，反而将它延续至近代中国的警察机关，甚至随北京都市化的发展，北京警察肩负了比步军更多的商业、民政和社会福利功能。刑事侦缉工作，只不过这班司法制度前线执行者的其中一项任务而已。

---

① Sydney D. Gamble, *Peking, A Social Survey* (New York: George H. Doran Company, 1921), pp. 216 - 217 (关于警察与商业), pp. 206 - 283 (关于警察与慈善工作), pp. 114 - 127 (关于警察与城市清洁卫生).

② 蔡恂：《北京警察沿革纪要》(北京：北京特别市公署警察局，1944)，页 1 - 2。

③ A. J. Dray-Novey, "The Twilight of the Beijing Gendarmerie, 1900—1924," *Modern China* 33 (2007), pp. 349 - 376.

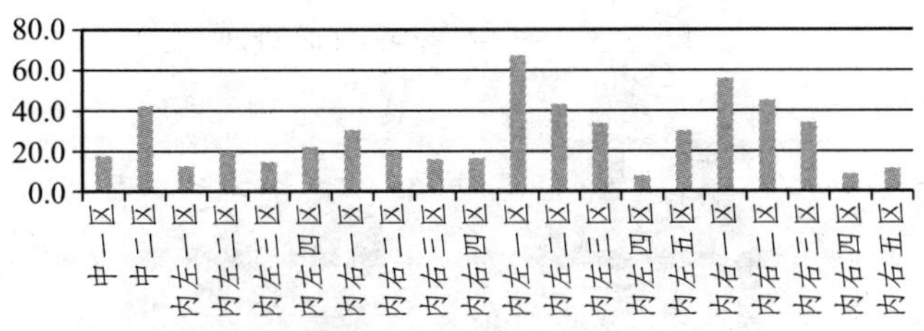

图 7　警察密度（1927，每里人数）

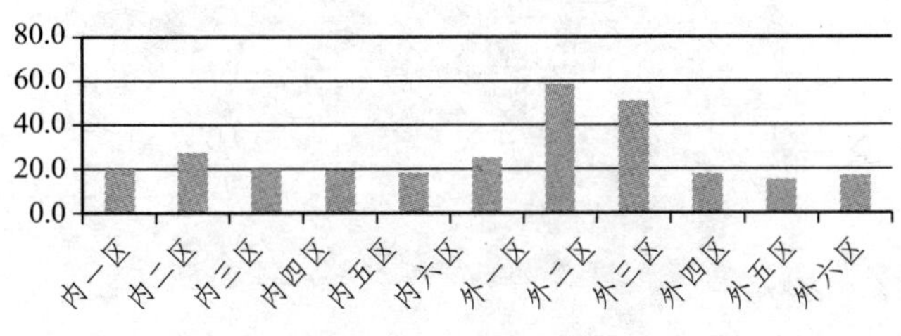

图 8　警察密度（1928，每里人数）

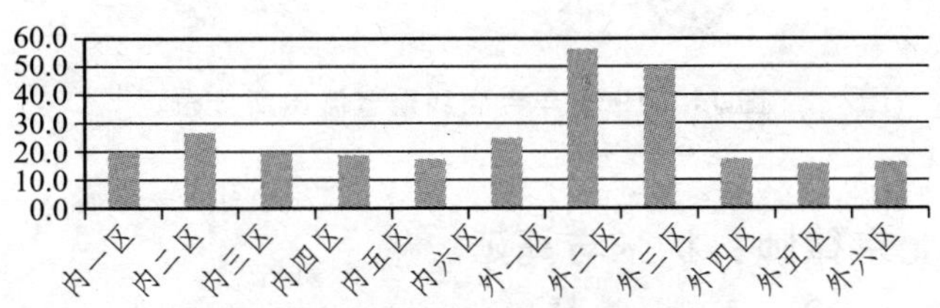

图 9　警察密度（1929，每里人数）

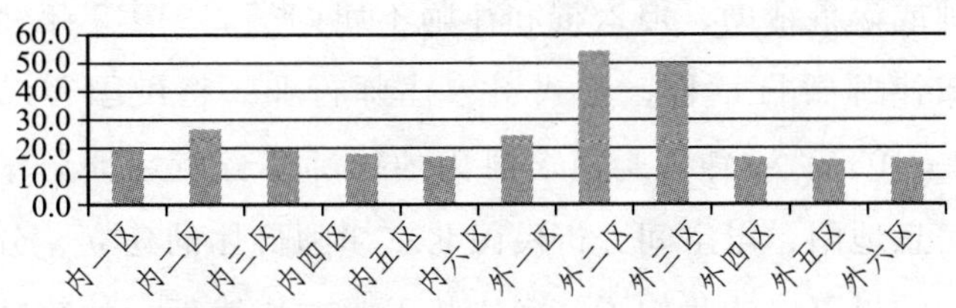

图 10　警察密度（1930，每里人数）

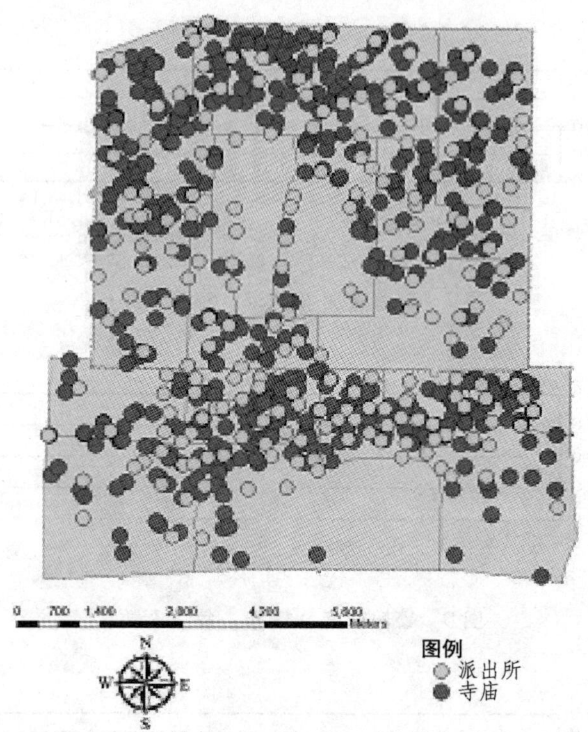

图 11　1936 年寺庙和警察派出所分布

三、北京律师：扩张与蔓延

律师在帝国时期的中国从来不存在。以往百姓惹上官非会找讼师或讼棍帮助，但讼棍和律师不属同类。[①] 1912 年北洋政府颁布律师暂行章程，正式引入律师行业。将民国首二十年（1912—1931）在律师会员名册内的律师事务所地址制作成为地理信息地图，以空间分析民国北京律师群体的建立，分布和蔓延，结果可以让我们了解到建基于西方法律理念的律师服务

---

① 有关传统讼师工作见 Fuma Susumu，"Litigation Masters and the Litigation System of the Ming and Qing China," *International Journal of Asian Studies* 4. 1，pp. 79 – 111.

是如何发展和普及的。如图 12—图 15 显示，北京第一代律师群体（1912—1916）是发迹在北京城南城的外一区和外二区，随年代发展律师群体便向北京城的北部和东部扩张，当中让我们看见法律服务在短短 20 年间普及至大半个北京城，对一个传统贱讼和蔑视以讼务为业的社会来说，这个发展殊不简单。律师群体的建立，分布和蔓延反映了法律文化在近代中国都市化过程中的发展，同时反映了新式法律服务如何在社会间普及。

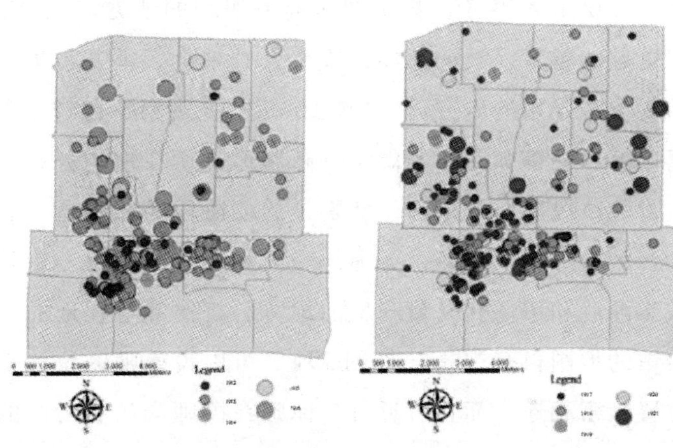

图 12　1912—1916 年律师分布　　图 13　1917—1921 年律师分布

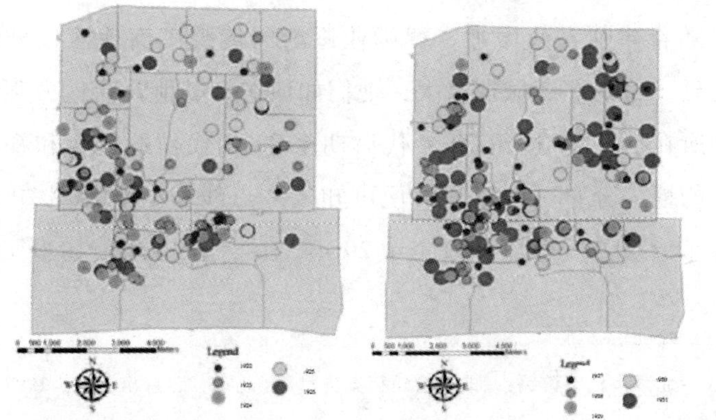

图 14　1922—1926 年律师分布　　图 15　1927—1931 年律师分布

我们可以进一步研究，为什么律师群体起初都选择在北京南城的外一区和外二区附近开展业务，而且经过20世纪20年的空间蔓延，外一区和外二区附近仍然是律师事务所的主要经营区域。外一区和外二区，即今天北京市的前门大街横越宣武门，正阳门和崇文门一带，100年前该区是工商业汇聚经营之地，亦是会馆和庙宇最多的地方。会馆除了是各地旅京同乡见面、商人旅京留宿联络之地，亦是各行各业招聘人手、见证工商交易、商议重大事务，甚至调解商务纠纷的地方。[①] 而北京的庙宇更是超越了宗教的功能，成为百姓聚会，举办市集，买卖货品，休憩娱乐的地方。[②] 从图16—图18观察，比较北京城的工商店铺，会馆和寺庙的位置分布和律师所在地的分布，不难理解为什么民国北京律师，特别是始创阶段的律师业，要选择在外一区和外二区开业，因为外一区和外二区附近一带是全北京城工商业和市场交易最旺盛的地方。将律师所在地的布局放在会馆的地图再行观察（见图19），可以说律师的位置是和会馆位置紧密相连，而且有近百名律师在律师会员名册内的登记地址更设在会馆之内，律师业的发展如何与市场经济发展相连的情况在此显露无遗。

随着律师人数增加，律师业逐渐向传统工商业区以外的城区蔓延。可是北京城那么大，他们如何选择其他营业地方呢？将律师所在地在20世纪20年代后期至30年代初的地点和警察派出所的地理分布一同观察，便可知道一点线索。观察图20的空间分布形态可以得知，20世纪20年代后期至30年代初当律师群

① 北京市档案馆编：《北京会馆档案史料》（北京：北京出版社，1997），页1－17。

② 北京市档案馆编：《北京寺庙历史资料》（北京：中国档案出版社，1997），页1－3。

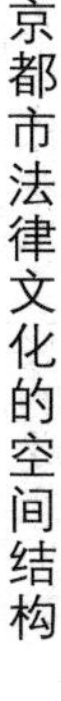

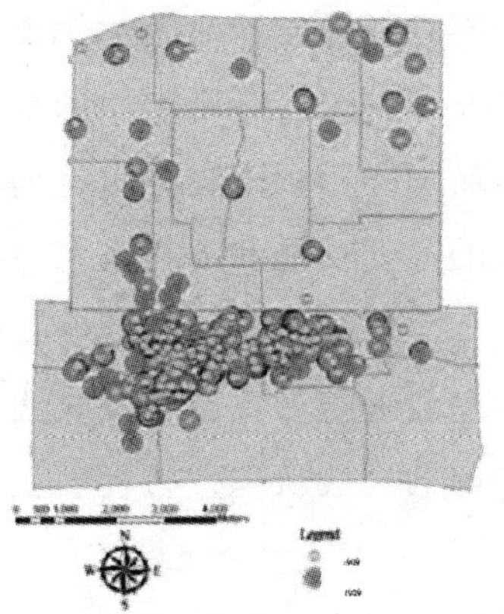

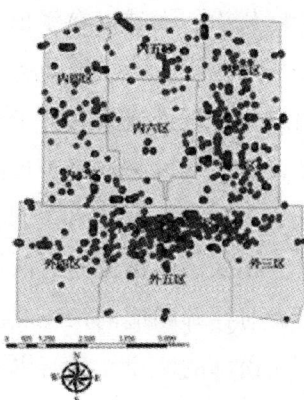

图 16　1909 年和 1929 年会馆分布

图 17　1932 年工商业店铺分布图

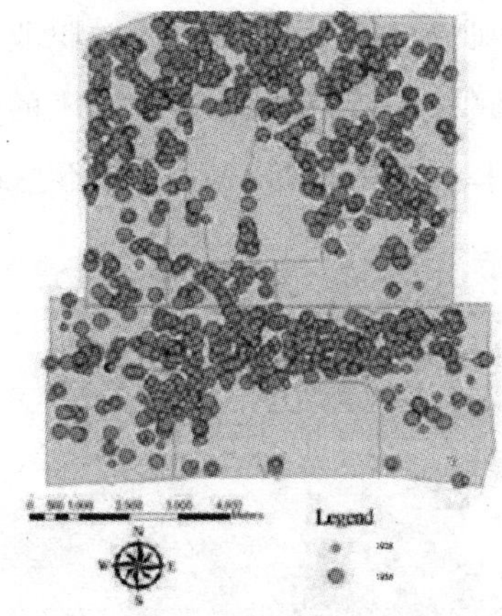

图 18　1928 年和 1936 年寺庙分布

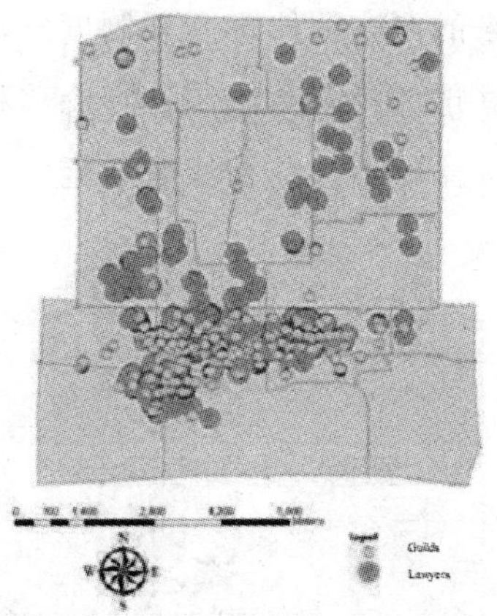

图 19　1909 年会馆和 1912—1916 年律师分布

体慢慢从外一二区往北京城的东北方向扩散时，多聚集在警察派出所附近。由此可以推断，当工商业不能容纳全部法律群体时，不少业者会选择前往另一个生意源头开辟业务：警察派出所。根据当时律师公会守则和律师章程，律师的主要任务除了商业服务以外，便是出庭代理诉讼和撰写状纸。在地方辽阔交通未及现时便利的北京城，律师不选择在邻近法院的地点营业方便出庭代讼，而选择在派出所附近开业，明显是为了方便其主要业务的进行，而主要业务并非律师公会守则和律师章程列明的出庭代理诉讼或撰写状纸，而是守则和章程并未有列为律师任务，但传统以来都属于讼师的主要功能和委托人的主要服务素求：即和捕吏打点和交涉①，这批律师的选址说明，这比案件成为正式法院诉讼案后的出庭业务更为重要，反映法律服务消费者对律师功能的认识和律师的自我认识，某程度上仍受传统使用讼师的法律文化所影响。

从以上有关新兴律师行业的分析研究，我们能够知道至少有三个因素影响着当时北京法律文化的发展轨道：第一是移植进来的西方法律理念和制度。律师在中国能够成为自由职业和独立选址经营是法制和理念移植的结果。第二是法律传统的影响。律师不选择在法院附近而选择派出所附近开业，亦不忌讳

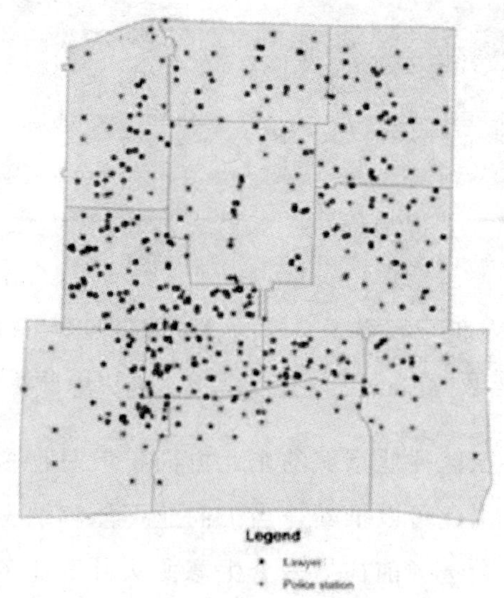

图20　1925—1931年律师和警察派出所分布

① Fuma Susumu, "Litigation Masters".

承接讼师的工作，反映百姓对律师功能的认识，和律师的自我定位，某程度上仍受传统使用讼师的法律文化所影响。第三是市场经济的影响。我认为，近代中国律师业的发展有重大区域差异，上海律师业会比北京的律师业发展较顺利，而北京亦相信会比内陆二、三线城市领先，原因是近代法律文化的形成和变迁和城市的都市化，市场经济和工商业文化发展是不可分割的。看上海 20 世纪 20 年代律师如何服务商业市场，商业市场如何令律师群体的社会地位提升[①]，和看北京律师一直集中在北京南城商业区会馆区经营便知一二。

四、法律文化：制度、传统和市场之间

综合上述的考察，就 20 世纪初中国法律文化的论述而言，有几点值得说明。首先，以往一些论述会把这场法律改革形容为传统往现代制度的转移或交替，但从以上的材料证明，制度和法规的转变并没有切断传统文化的延伸，新制度下建设的律师和警察行业的工作方向和范围告诉我们，这场法律改革中同时包含了传统文化的延伸和西方文化的［选择性］模仿。其次，有一些研究会把这场法律改革放在迈向西方自由主义下的司法独立（judicial autonomy）的轨迹，论证 20 世纪初中国的法律改革如何令中国的司法制度在这轨迹前进，并解释有什么因素妨碍中国达至司法独立。我认为这里有两个问题值得反思：第一，纵使当时在很多官方演说和宣传文件中可以找到追求司法独立的话语，但事实上，打从新制度成立的开始，新的法律机构根本不是建立在西方自由主义司法独立的基设之上。

① 陈同：《近代社会变迁中的上海律师》（上海：上海辞书出版社，2008），第四、五章。

例如，律师行业和律师公会从一开始便须根据律师暂行章程受检察机构监督，监督范围包括律师工作收费、律师的惩罚、律师公会可以讨论的议题等，这跟一般认为独立的律师专业差距很远。[①] 而新式的中国警察亦从来没有脱离商业民政而成为一支独立而专注刑事侦缉和检控的警政机关。在这背景下，完全以西方自由主义司法独立的标准作为唯一的论述视角，对我们理解20世纪初中国的法律改革的发展轨迹和背后因素便容易产生偏差。我认为，20世纪初中国的法律改革和法律文化的改变，亦可以放在国家制度、社会传统和市场经济三者之间的互动发展去加以理解。从律师群体的空间分布、移动和蔓延，我们可以了解到刚兴起的律师业如何在短短20年间，在传统蔑视讼者和讼务的北京社会蔓延和普及，他们的办公室地点和京城的市场经济活动有密切关系之余，亦受百姓传统上对讼师的认知影响。从警力的空间分布中，我们更可以了解民国警察的治安方针，如何延续帝国时期北京城步军的传统职能、工作范围和资源分配重点，警力布局亦受市面经济活动分布影响，以上种种让我们知道在传统文化植根较深的北京社会，法律文化的发展轨迹，如何在传统文化、从外移植的法律制度和本土市场经济发展的互动底下逐渐形成。这个概念框架除了有助我们理解20世纪初期中国的法律文化如何改变，为何改变，为何在不同地方有不同的发展速度（例如北京和上海[②]）之外，亦可能对当代中国的法律改革在不同城市演绎出不同成效带来一点启示。

---

① 北京律师公会：《北京律师公会历年办事年报》，1925，规章类页13－19，公文类页16－22、27－32。

② 就民国北京律师业在上海和北京发展差异的论述可见Michael H. K. Ng（吴海杰），"Attorney on Trial：When Lawyers Met Phony Lawyers in Republican Beijing，" *International Journal of Asian Studies*，8.1（2011），pp. 25－39.

殖民地公共卫生与公共权力：20 世纪初香港的公共卫生与建筑法例[*]

虞秀凌

一、前言

1903 年第 1 号《公共卫生和建筑条例》（*Public Health and Buildings Ordinance*, No. 1 of 1903，以下简称 1903 年 1 号条例）是香港 20 世纪初重要的公共卫生法律。该条例共 271 条，其中 2/3 与建筑物（buildings）规范有关。[①] 这些建筑规范从公共卫生角度对房屋构造和人均居住面积做了限制。条例存续时间长达 33 年，共经历 13 次修订，其中 9 次修订跟建筑法规

* 本文的写作得到了 Michael Palmer、苏基朗、梁其姿、叶嘉炽、何佩然、王慧麟教授的点评和帮助，在此表示衷心感谢。文章观点和材料不足之处全由作者承担。

① 根据 1903 年 1 号条例第 8 条规定，"建筑物"包括："任何居住房屋，房子，学校，廊道（Veranda 或译骑楼），阳台，厨房，卫生间，走廊，烟囱，拱门，桥梁，外屋，马厩，棚，茅屋，货栈，工厂，商店，工作坊，啤酒厂，蒸馏间，仓库，或储存堆装物的地方。"除非特别注明，本文所指建筑物即为居住房屋。文中所用"华人屋宇"一词，即指华人的居住房屋。

有关。[①] 可以毫不夸张地说，香港公共卫生法律体系中最为复杂，与华人社会互动最多也最具争议的部分就是建筑法规。为什么港英殖民政府要把建筑物规范纳入到公共卫生的法律框架？这样的立法逻辑是什么？为什么有关条文被频繁修改，争议点在哪里，立法的社会效果又如何？这些是本文的中心问题。通过从社会、经济、政治等多角度考察 1903 年《公共卫生与建筑条例》的立法和演变过程，本文试图回答上述问题，并反思殖民政府的统治策略和方法。

二、殖民者的"卫生综合征"及其立法影响

欧洲殖民者在统治有色人种的过程中，长期存在一种"卫生—秩序焦虑感"（sanitation-order anxiety），即把肮脏贫穷的被殖民者及其拥挤污秽的居所视为疾病的产生根源之一。为缓解这种卫生焦虑，殖民者制定各种政策和法律压制排斥被殖民者的居住空间，比较普遍的就是所谓的种族隔离措施。对疾病的恐惧和对被殖民者的抵触和排斥情绪纠缠在一起，学术界将此称为殖民者的"卫生综合征"（sanitary syndrome）。[②] 在香港的英殖民者也未能摆脱这一"卫生综合征"。

事实上，英殖民者占领香港不久，便把本地华人视为疾病

---

① 1903 年 1 号条例被 1935 年第 7 号《市政卫生局条例》（*The Urban Council Ordinance*, No. 7 of 1935）代替。1903 年 1 号条例的 11 次修订分别为 1903 年第 23 号，1907 年第 8 号，1908 年第 14 号，1909 年第 11 号，1911 年第 60 号，1920 年第 9 号，1927 年第 6 号，1928 年第 19 号，1929 年第 30 号，1930 年第 18 号，1931 年第 3 号，1931 年第 18 号，1935 年第 2 号。其中 1930 年 18 号，1931 年第 3 号和 18 号，1935 年第 2 号的修订案不涉及建筑物规范的修改。

② Maynard W. Swanson, "The Sanitation Syndrome: Bubonic Plague and Urban Native Policy in the Cape Colony, 1900 - 1909," *Journal of African History*, XVIII, 3 (1977), pp. 387 - 410, esp., pp. 387 - 389; Anthony King, *Urbanism, Colonialism, and the World-economy: Cultural and Spatial Foundations of the World Urban System*, (London: Routledge, 1989), pp. 54 - 55.

的产生根源。[①] 为了远离华人带来的疾病威胁，殖民政府采取种种措施，把欧人和华人社区分开居住。[②] 又制定政策，限制华人投资购买特定地段和区域的房子。[③] 1888 年通过的《保留西人居住区域条例》（*The European District Reservation Ordinance*, No. 16 of 1888），则把有关隔离政策上升为法律，进一步扩大华洋之空间距离。[④]

然而疾病的传播不受边界的限制。殖民者也深知空间的隔绝只是权宜之计，关键在于彻底消除“病源”。早在 1843 年，欧人社会就向殖民政府建议：“我们热切希望殖民政府能够制定相应的建筑法规调整华人屋宇，以确保他们的安全和福利。我们建议相关的立法在不干涉个人财产权的基础上能够确保整个社会的健康。”[⑤] 在欧人社会的强烈要求下，殖民政府立法规范建筑物，对华人的居住房屋提出种种卫生要求。比如 1856 年第 8 号《建筑物和滋扰条例》（*The Buildings and Nuisances Ordinance*, No. 8 of 1856）第 8 条要求按照西方标准装上

---

① 比如香港开埠初期盛行的疟疾（即所谓的香港热，Hong Kong Fever），殖民政府就认为和华人肮脏的生活习惯和污秽的屋宇卫生条件有关。有关殖民之初疟疾对港岛华人和欧人居住空间的形成的影响，详见 Christopher A. Cowell, *From Follows Fever Malaria and the Making of Hong Kong, 1841—1848*, M. Phil. Thesis, Hong Kong University, 2009.

② 港岛华人 1842 年前集中住在上市场（太平山，西营盘），中市场（中环街市对上山坡）和下市场（苏杭街一带）。殖民政府因中环属黄金地段，有意发展为欧人社区，便将华人迁往太平山。详见丁新豹：《香港早期之华人社会》，博士论文，香港大学论文数据库（http://sunzi.lib.hku.hk/hkuto/record/B31231718），1988，页 245 - 249；以及 Dafydd Emrys Evans, “China Town: The Beginning of Tai Ping Shan,” *Journal of RASHKB*, 10（1970）: 69 - 78.

③ 比如为保护士兵健康，殖民地部（Colonial Office）和战争部（War Office）达成协议，驻扎在港岛肯尼迪街（Kennedy Street）附近的军营其周围 200 码（约 183 米）内保留空地，禁止搭建任何建筑物，尤其不许华人建造房屋或耕地。见 “Letter from the Colonial Office to the War Office, 9 April 1880”, enclosed in “Hong Kong (Restrictions upon Chinese),” in *British Parliament Paper*, 426（1881）, p. 11.

④ 1888 年第 16 号《保留西人居住区域条例》第 3 条规定：“本条例通过之后，任何华人在西人区域构建房屋即为非法。”（After the passing of this Ordinance it shall not be lawful to build any Chinese tenement within the European District）

⑤ 《华友西报》, *The Friend of China & HK Gazette*, 1843 年 8 月 14 日。

水厕。[①] 为确保街道通风清洁，1888 年立法禁止华人构建骑楼。[②]

殖民者一边刻意保持与华人社区的空间距离，一边通过法律之手对后者远远进行规范和控制，试图通过法律改变华人落后肮脏的卫生习惯和拥挤污秽的屋宇状况。不过习惯的改变谈何容易。加上华洋文化背景不同，有时欧人认为肮脏的习惯，在华人却是不可或缺的经济来源，现以水厕为例。

19 世纪的香港，华人社会仍习惯于通过传统的土厕或马桶系统来处理排泄物。农业经济时代，人的粪便是农作物的上好肥料，而广东地区的农民通过采购城市的粪便来增加土壤肥力。在农业经济的驱动下，香港开埠不久便形成了一套完整的粪肥产业链：苦力挨家挨户收集粪便，装到大桶后由承包者运至广东，卖给农民，利润可观。[③] 水厕的安装不仅增加了建筑成本而且浪费了粪肥。在当时的华人看来，水厕条文是把"所谓的'西方卫生科学'强加到华人社会，罔顾华人传统

---

① 《建筑物和滋扰条例》(1856 年第 8 号) 第 8 条规定："建造或改造房子的时候如果不按测量管要求装上水厕或厕所……即属非法，课以 10 元以上 50 元以下罚金……" (Section 8，It shall not be lawful to construct，reconstruct…to complete any house without…a sufficient water-closet or privy…to the satisfaction of the Surveyor General…pay to the Crown a penalty not exceeding fifty dollars no less than 10 dollars)

② 《禁止骑楼占用官地条例》(1888 年第 4 号) (*An Ordinance for Prohibiting the Enclosure of Verandahs erected over Crown Lands*，No. 4 of 1888)，第 1 条规定："自本条例生效日，凡在官地上所建之骑楼或阳台即属非法。" (Section 1，From and after the passing of this Ordinance it shall not be lawful to erect any partition in，or enclose，or partially enclose，any portion of any verandah now erected，or which may hereafter be erected，on Crown Land…)

③ 奥斯伯·查德威克 (Osbert Chadwick) 于 1882 年调查香港卫生状况期间，曾对华人的土厕系统作了详细的考察和记录。见 Osbert Chadwick，"Report on the Sanitary Conditions of Hong Kong"，enclosed in "Further Correspondence on the Sanitary Condition of Hong Kong"，*British Parliament Paper*，1882 [C. 3387]，pp. 49 - 86，esp.，paragraphs 40，85 - 110. 奥斯伯·查德威克 (1844—1913) 是英国现代公共卫生运动先驱艾文·查德威克 (Edwin Chadwick，1800—1890) 的长子。奥斯伯. 查德威克本人是英国著名土木工程专家 (Civil Engineer)，前后三次受英国政府派遣到香港调查公共卫生状况 (分别为 1882 年、1890 年和 1902 年)，对香港公共卫生立法有重要影响。本文提到的 1887 年《公共卫生条例》(*Public Health Ordinance*，No. 24 of 1887) 和 1903 年《公共卫生与建筑条例》(*Public Health and Buildings Ordinance*，No. 1 of 1903) 都是在查德威克提交的香港卫生报告之基础上草拟的。

的卫生习惯”。[①] 这种情况下，强制执行法律，必将遭到华人业主的反对。果然，轩尼诗担任港督（1879—1882）之时，不断有华人商业精英向他抱怨，认为1856年第8号条例有关水厕的条文违反《义律公告》尊重华人习俗的精神。[②]

至于华人屋宇过度拥挤的状况则有更为复杂的社会经济原因。随着香港贸易港地位的提升，华人劳工不断涌入。人口激增，带来的就是住房问题。香港岛地型陡峭，可供建筑面积不多；加上殖民政府的隔离政策，华人可居住发展的空间更小。空间狭窄，人口又快速膨胀，逼仄的太平山社区愈加拥挤。殖民地医官艾耶思（Ayers，Colonial Surgeon，1873—1897）于1874年视察太平山华人社区时发现，那里一栋房子居住20来个人极为普遍。[③] 房子经年失修，屋内通风、光线很差，房子周围的排污沟充斥着腐烂的东西，臭气熏天。虽然艾耶思也意

① “The Governor's Report on the Blue Book”, in “Papers laid before the Legislative Council of Hong Kong 1880”. 该报告电子版可从香港大学政府报告数据库（Hong Kong Government Reports online 1842—1941）下载。

② 英国占领香港不久，英国驻华全权公使查尔斯·义律（Charles Elliot，1801—1875），为吸引华人来港，安抚民心，于1841年1月2日发布《义律公告》（*Elliot Proclamation*），晓谕当地民众：“……至尔居民，向来所有田亩房舍产业家私，概必如旧，断不轻动，凡有礼仪所关，乡约律例，率准仍旧，亦无丝毫更改之意……”见《广东军务档案》，载中国史学会编：《鸦片战争》，上海：神州国光社，1954，册5，页241，《公告》英文，见James William Norton-Kyshe, *The History of the Laws and Courts of Hongkong from the Earliest Period to* 1898（Hong Kong: Vetch and Lee, 1971），pp. 5-6.《义律公告》确定了殖民政府尊重华人传统习惯习俗的统治原则，此后凡有立法和华人传统习惯或大清律例相悖，华人便引用《义律公告》，与殖民政府据理力争。轩尼诗支持华人的主张，并在订例局（Legislative Council）为华人的土厕系统竭力辩护。详见香港定例局会议记录（Proceedings of the Legislative Council, 18th November 1878），published in *The Hong Kong Government Gazette*, 23rd November 1878, p. 565.

③ 根据艾耶思的观察，一个房子通常有三个房间，每个房间差不多216平方英尺（约20平方米）。房间再被隔成三到四个小隔间（cubicles）。有了这些小隔间，一个大房间至少容纳三户人家，共6—8人。见“Report of the Colonial Surgeon on his Inspection of the Town of Victoria, and on the Pig-Licensing System” dated 15 April 1874, enclosed in “Hong Kong (Restrictions upon Chinese)”, *British Parliament Paper*, 46 (1881), pp. 56-59, esp. p. 58. 按照艾耶思的观察推算，19世纪70年代太平山华人的人均居住面积约为1平方米。

识到拥挤的部分原因在于人口数量远远超过房屋数量，但他认为华人业主或出租人的贪婪是主要原因，希望政府制定严厉的法律规范华人屋宇，限制屋内居住人数，并且发出警告，如果再不采取措施，瘟疫迟早要在太平山暴发。①

不过艾耶思的报告并没有引起殖民政府对华人卫生状况的重视，直到若干年后轩尼诗港督和军队之间的一场争论，才使英国政府开始关注华人屋宇的卫生问题。② 为了消除殖民者，特别是军队的"卫生—秩序焦虑感"，土木工程专家（Civil Engineer）奥斯伯·查德威克（Osbert Chadwick）奉命调查香港的排污和供水系统以及华人居住房屋的卫生状况。正是在查德威克卫生报告的基础上，香港制定了第一部《公共卫生条例》（*Public Health Ordinance*, No. 24 of 1887）。③ 这部条例中有关居住房屋的限制性条款，遭到私有房产业主，特别是华人业主的强烈反对。④

① 艾耶思在报告中初步估算了一下，一个三居室的房子，租给劳工每年可获租金55—70英镑，租给妓女，则80—100英镑。艾耶思认为租金收入可观，华人业主或出租人应有责任修葺房屋，维持住所的清洁。但是出于贪婪的本性，华人业主或出租人根本不进行任何维修。详见 *Report of the Colonial Surgeon*, 15 April, 1874，出处同上注。

② 19世纪70年代，经济上迅速崛起的香港华商试图突破华洋分界线，购买纯欧人商业区的房产，而欧洲商人也愿意高价卖地给华商。房地产市场的活跃有利增进殖民政府的财政收入。为支持自由贸易，殖民政府部分放松了对华人建筑区域的限制。不过当殖民政府准备把军营附近某些地段拍卖给华人时，引起军队强烈反对。殖民军官以华人屋宇拥挤肮脏威胁士兵健康为由，反对华人在军营附近建屋。为支持军队主张，殖民地军队将领引用艾耶思1874年的卫生报告。这份被搁置多年的报告才又重见天日，也促使港英两地政府真正开始关注华人居住环境的卫生问题。详见英国议会报告："Hong Kong (Restrictions upon Chinese)", *British Parliament Paper*, 46 (1881).

③ Osbert Chadwick, "Report on the Sanitary Conditions of Hong Kong", enclosed in "Further Correspondence on the Sanitary Condition of Hong Kong", esp. n. 11.

④ 华人社会反对1887年《公共卫生条例草案》的理据，主要有两点：第一，侵犯私有财产权；第二，政府补偿不力，公共卫生改善的成本最后转移到贫苦劳工阶层。有兴趣的读者可见"Dr. Ho Kai's Protest against the Public Health Bill", dated 2nd December, 1886, *Hong Kong Sessional Papers*, 1886 September to 1887，电子版载于香港大学政府报告数据库；以及"Petitions of Chinese Community against the Public Health Bill", dated 6 October 1887, transferred by the Colonial Government to the Colonial Office, 11 January 1888, CO129/237: 16-32.

这里需要强调的是，香港殖民早期，每一次重要的公共卫生立法都离不开规范华人的居住房屋。这一立法逻辑的形成受到殖民者“卫生综合征”的影响，出发点是为保护殖民者的健康。当然长远来讲，公共卫生的改善也使华人受惠。但是殖民政府一方面出于自身健康需要，立法隔离限制华人居住空间，一方面又以“公共卫生”之名，立法要求华人在相对其人口极其有限的空间内保持宽敞清洁。在欧洲殖民者指责华人业主贪婪自私的同时，殖民政府其实也难辞其咎，甚至应承担主要责任。不过在殖民地的场景下，卫生的保护以殖民者优先，改善公共卫生的成本却主要由被殖民者承担。这样的立法，当然不会受华人社会的欢迎。

1887 年《公共卫生条例》（*Public Health Ordinance*，No. 24 of 1883）通过之后形同虚设。在殖民政府和房产业主的拉锯僵持之下，太平山区的卫生状况每况愈下。[①] 1894 年，可怕的鼠疫暴发了，疫情集中于太平山华人社区。[②] 鼠疫的直接威胁下，华人屋宇再次成为众矢之的。殖民政府制定了一系列法律强制拆迁改造华人屋宇以及肮脏污秽的华人社区：比如 1894 年第 8 号《太平山回收条例》（*The Taipingshan Resumption Ordinance*，No. 8 of 1894），1894 年第 15 号《封闭不合卫生屋宇条例》（*The Closed Houses and Insanitary Dwellings Ordinance*，No. 15 of 1894），1895 年第 7 号《建筑物修正条例》（*The Buildings Amendment Ordinance*，No. 7 of 1895）。尽管殖民政府采取各种

① 由于人口不断增加，艾耶思于 1894 年鼠疫期间视察太平山地区时，发现那里的卫生状况比 1874 年的情况更为恶劣。*The Colonial Surgeon's Report for 1894*，pp. 478 – 479.

② 1894 年鼠疫病例 2679，死亡人数 2552，其中绝大多数为华人，有关鼠疫在太平山区的情况，见 Arthur Starling，et al.，eds.，*Plague*，*SARS and the Story of Medicine in Hong Kong*（Hong Kong：Hong Kong University Press，2006），pp. 27 – 36.

预防措施，鼠疫还是不定期地复发。1899 年，鼠疫感染病例超过 1 300，1901 年达到 1 651。[①] 欧洲殖民者坚持认为肮脏贫穷的华人聚居区（Slums）是鼠疫的重要根源，进一步立法加强华人屋宇的管制力度。[②]

鼠疫的暴发和复发使殖民者长期存在的“卫生—秩序焦虑感”得到完全释放，至于疫情期间私人财产权的保护，更加不受重视了。正是在这样的背景下，诞生了香港 20 世纪初最重要的公共卫生条例，即本文开篇提到的 1903 年第 1 号《公共卫生和建筑条例》（*Public Health and Buildings Ordinance*, No. 1 of 1903）。内容上，该条例整合了之前颁布的卫生和建筑条例。[③] 思想上则承袭强化了 19 世纪的立法逻辑，继续把华人屋宇作为公共卫生法的重要调整对象，并主要由华人社会承担公共卫生的改善成本。可以想像，如果不是瘟疫的威胁，这样的法律不易获得通过，即便通过了，也很难执行。鼠疫从 1923 年后便不再对香港的公共卫生构成威胁。[④] 而这部 1903 年《公共卫生和建筑条例》直到 1935 年才被废除。在法律的执行过程中，殖民政府如何平衡公共卫生和私有财产的利益冲突，法律的社会效果又如何，下文将作一初步考察。

---

① 相关数据参见香港历年鼠疫病人统计（1894—1929），Report of the Medical Officer of Health，in The Sanitary Report for the Year 1926，电子版载于香港大学政府报告数据库。

② 囿于篇幅，相关法条不一一列举，有兴趣的读者可继续阅读 1899 年第 30 号《修正收回官地条例》（*The Crown Lands Resumption Amendment Ordinance*, No. 30 of 1899），1899 年第 34 号《不合卫生物业条例》（*The Insanitary Properties Ordinance*, No. 34 of 1899），1900 年第 32 号《收回官地条例》（*The Crown Lands Resumption Ordinance*, No. 32 of 1900），1901 年第 30 号《建筑物修正条例》（*The Buildings Amendment Ordinance*, No. 30 of 1901）。

③ 该条例废除取代了自 1887 年到 1902 年间颁布的 22 部有关公共卫生和建筑条例，详见 1903 年第 1 号条例附表一。

④ 1923 年鼠疫病例 143 个，1924—1927 年零感染，1928 年 4 个鼠疫病例，最后一次出现是 1929 年，两个病例。

三、公共卫生 vs. 私有产权：《公共卫生和建筑条例》的社会考察

为改变华人屋宇拥挤污秽的状况，1903 年 1 号条例对建筑物的构造进行许多限制。譬如，第 151 条规定，除非开设通风通光的窗户，任何居住房屋的深度不能超过 50 英尺（约 15 米）；第 153—154 条，房间内不得添设小隔间（cubicles），除非每个隔间都有通风透光的窗户，且不小于 64 平方英尺（约 6 平方米）；第 188—189 条限定楼高和楼层：凡是毗邻街道的房屋，其高度不能超过街道宽度的 1.5 倍，所有房屋高度不能超过 76 英尺（约 23 米），楼层不超过 4 层；房屋前后必须留出空地（第 175—176 条）等。显而易见，有了这些限制，房屋的建筑面积就减少了，房租收入也相应减少。建筑成本的增加换来的却是可用面积和收入的减少，除非政府给予合理的补偿，否则私人业主（华人居多）自然就怨声载道。政府如何就减损的房产利益进行补偿呢？对此，殖民立法者参照英国 1890 年《劳工住房法》（*The Housing of the Working Class Act* 1890）的相关规定，征收不洁或不当使用的房屋，补偿估价时打折扣，并且不支付强制征用的 10% 补偿费。殖民政府未加理睬私人业主的联名抗议①，确定了较低的补偿标准，比如 1903 年 1 号条例第 188 条第 3 款第 3 项规定，凡是不适合人居住的房屋

---

① "Petition from Land Owners with regard to Compensation under Section 185 of the Public Health and Buildings Bill 1902", 28th September, 1902，附于 1907 年香港《公共卫生和建筑条例 1903》执行情况调查委员会的报告（英文全称："Report of the Commission appointed by the Governor to enquire into and report on the Administration of the Sanitary and Building Regulations enacted by the Public Health and Buildings Ordinance, 1903, and the Existence of Corruption among the Officials Charged with the administration of the aforesaid regulations"）。

面积损失不获任何赔偿。该条例第 251 条还规定业主不得就补偿额度提起任何诉讼，只可向辅政司（the Colonial Secretary）投诉，即只获行政救济而没有司法救济。可见 1903 年条例对私人业主权益法律保护之弱。

不过 20 世纪初的殖民者也意识到华人房屋拥挤的根本原因在于劳工阶层的住房困难。[①] 只有把劳工阶层的住房问题解决了，拥挤现象才能得以消除。为此，殖民政府制定了开发九龙半岛、港岛西区，以及填海造地的计划，同时也发展公共交通，试图通过这些措施把维多利亚城拥挤的华人劳工分散开来。[②] 不过这些都是投资大，见效慢的计划。殖民政府虽然每年财政收入不少，除去上缴英国政府军费（military contribution），和支付殖民官员的高额薪金之后，用于香港基础设施和城市建设的金额有限。[③] 殖民政府在城市发展上得不到英国政府的财政支持，香港拥挤问题的改善不得不依靠严格的建筑物法规。

可是公共卫生和私人产权之间的冲突不解决，法律在现实中还是难以执行。1903 年底，公共卫生和建筑条例便不得不作出修正，放宽有关规定，譬如重新定义“隔间”（cubicles）和“过度拥挤”（overcrowding）、改进补偿仲裁程序等。[④] 即便如此，法律执行难的现象还是很普遍。由于殖民政府不肯在赔偿

① Osbert Chadwick, “Preliminary Report on the Sanitary Condition of Hongkong,” in Hong Kong Sessional Paper for the Year 1902, para. 99.

② Osbert Chadwick, W. J. Simpson, “Report on the Question of the Housing of the Population of Hong Kong,” in Hong Kong Sessional Paper for the Year 1902.

③ 1911 年华人议员何启要求殖民政府公开 1896 年至 1910 年间上缴军费和香港城市建设的开支数额。从这些数据可知，1901 年之前，殖民政府花在香港公共事业的开支不足军费贡献的 1/5，甚至不到 1/7。1902 年后该比例差距有所减小，但前者仍不及后者 1/3。见 Hong Kong Hansards, 11 May 1911, p. 89.

④ *Hong Kong Hansards*, 7 December 1903, pp. 62 – 63；1903 年第 23 号《公共卫生及建筑修正条例》（*The Public Health and Buildings Amendment Ordinance*, No. 23 of 1903）。

问题上作出让步，建筑商和私人业主只有想尽办法贿赂买通清洁局（Sanitary Board）和工务局（Public Works Department）的政府官员以规避法律。[①] 殖民政府苦心孤诣的立法，不仅没有取得预设的效果，反而滋生了腐败。1906 年 5 月港督任命了一委员会，对 1903 法例的实施情况进行专职调查。[②] 经过长达 10 个月的调查，该委员会发现法例实施中腐败严重[③]，而其主要原因是：第一，相关法律过于苛刻，而显失公平的补偿制度助长了腐败；第二，清洁局被赋予过多的权力。根据该项调查，1908 年殖民政府进一步对 1903 年法例进行修正，继续放宽对屋宇建筑的限制、削减清洁局的权力，其中许多建筑条款的执行监督权力转交给工务局（Public Works Department）和建筑事务监管署（Building Authority）。[④] 不过，这些只是行政层面的调整，问题的症结并没有解决。

只要殖民政府继续老的立法逻辑，同时又吝啬地不给足补偿，公共卫生和私有产权之间的冲突就会继续存在。譬如 1911 年殖民政府再次试图通过限制建筑物的高度来确保住宅区的通风和清洁。[⑤] 立法会非官守议员坡劳克（Pollock）直接指责这一立法为“建筑监管部门（Building Authority）大开方便之门，

① 1907 年香港《公共卫生和建筑条例 1903》执行情况调查委员会的报告，英文报告名称见上注。

② 该委员会的职责和权力详见公布于《香港政府宪报》的港督委任状，Hong Kong Government Gazette，11 May 1906，pp. 759 – 760.

③ 该委员会询问了 183 名证人（其中 134 名华人），最后发现腐败在清洁局和工务局已经泛滥，从上层的高级欧籍官员到下层的低级华人卫生监督员，都存在受贿行为。建筑商对清洁局官员的行贿数额更是惊人。调查期间许多建筑公司事先把会计账本销毁或者篡改，有些建筑商索性遁离香港，以免被委员会询问调查。见 1907 调查报告（英文），第 12—19 段。

④ 1908 年第 14 号《公共卫生及建筑修正条例》（*Public Health and Buildings Amendment Ordinance*，No. 14 of 1908）。

⑤ 1911 年《公共卫生及建筑修正条例草案》（*A Bill for the Public Health and Buildings Amendment Ordinance*，1911），Hong Kong Government Gazette（Supplement），22 December 1911，pp. 966 – 969.

使公权力凭借公共卫生之名任意侵犯践踏私人财产权”。在立法会的激烈反对下，该建筑立法草案未获通过。①

缺乏社会的支持，《公共卫生和建筑条例》的实施效果可想而知。加上20世纪初中国内地的战乱使华人不断涌入香港。人口的迅速增加，使原本就拥挤的香港华人社区更加逼仄不堪了。这种社会背景下，殖民政府也承认相关法律根本难以执行。

华人的涌入，拥挤的加重，增加了殖民者对疾病的恐惧。20世纪20年代肺结核病的流行。肺结核病取代了鼠疫的角色，继续延续着殖民者的长期存在“卫生—秩序”焦虑，而拥挤的华人屋宇也继续成为预防疾病的重点。1929年，1911年曾被否定的同一修正案再次被提出，这一次却获得通过。② 在疾病的威胁下，通过屋宇建筑管制和改善环境进行公共卫生控制的观念不断得到强化。直到20世纪20年代末，殖民政府的医务部门开始对控制鼠疫的种种措施进行总结反思。在《医疗卫生年度报告》中，医务卫生处处长指出：“鼠疫已从香港和中国南方的绝大多数城市消声遁迹。鼠疫的消失，在香港或许在某种程度上和环境卫生的改善有关。不过，中国内地城市的环境卫生没有任何变化……我们必须承认，鼠疫消失的原因迄今没有令人满意的解释……”③ 由此，医务部门提出疾病与建筑物环境的改善联系不大。20世纪20年代末，殖民政府着手准备公共卫生立法改革，建筑物规范在公共卫生体系中的角色开始

---

① *Hong Kong Hansards*, 21 December 1911, pp. 253－259.

② 1929年第30号《公共卫生和建筑修正条例》（*Public Health and Buildings Amendment Ordinance*, No. 30 of 1929），第4－5条。

③《医疗卫生年度报告》每年都有关于鼠疫的记录分析，自1929年开始出现上述观点。引文出自1930年的卫生报告（Medical and Sanitary Report for the Year 1930），第27－28页。

淡化。[①] 1935 年第 18 号《建筑物条例》（*The Buildings Ordinance*, No. 18 of 1935），主要从技术和材料安全角度对建筑物进行规范，而有关建筑物卫生的规范则被并入《公共卫生（清洁）条例》[*The Public Health（Sanitation）Ordinance*, No. 15 of 1935]。

经过 33 年的合并，建筑物和公共卫生条例终于分离。这一分离显示了殖民政府公共卫生立法逻辑的转变。尽管华人屋宇的拥挤现象仍然严重，但此时的殖民政府已经意识到拥挤不是单纯的卫生问题，而有其深刻的社会和经济原因，并希望政府能制定福利政策为劳工阶层解决住房问题。[②] 1939 年，殖民政府通过了第一部《城市规划条例》（*The Town Planning Ordinance*, No. 20 of 1939）。尽管该条例只有简短的 14 个条文，不过名头不小："通过系统准备和规划现有及潜在的城市区域及建筑物类型，本条例旨在促进社会的健康、安全、便利和整体福利。"[③] 20 世纪 30 年代末的殖民政府终于从社会福利的角度来思考劳工阶层拥挤污秽的住房问题，而不再单纯凭借强制性建筑物规范，通过限制私有产权来进行疾病防范和控制。

四、结语

公共卫生问题的产生，有着深刻复杂的社会经济政治乃至

---

① 有关 20 世纪 30 年代香港公共卫生立法改革背景见威灵顿（A. R. Wellington，香港医务卫生处处长，1929—1937）报告："Changes in the Public Health Organization of Hong Kong during the period 1929 to 1937"。

② A. R. Wellington, "Medical & Sanitary Report for the Year 1932", Appendix M to Hong Kong's Administrative Reports for the year 1932, pp. M56 - M57.

③ 1939 年第 20 号条例英文名全称为：An Ordinance for the promotion of the health, safety, convenience and general welfare of the community by making provision for the systematic preparation and approval of plans for the future lay-out of existing and potential urban areas as well as the types of building suitable for erection therein.

文化历史的原因。在殖民地的场景下，公共卫生问题被烙上了强烈的种族歧视色彩。所谓“公共”卫生的管治，转化为殖民者的健康和利益的保护，华人则被视疾病的产生根源。这一简单粗暴的立法逻辑长期影响着二战前香港的公共卫生立法。在1903年《公共卫生和建筑条例》下，华人的生活习惯和财产成为法律的调整对象，私人产权为公共卫生作出的牺牲也得不到公平合理的补偿。法律制定得越苛刻，社会的对抗情绪越明显，而公共卫生进步缓慢。直到二战前夕，殖民政府才意识到华人住房拥挤问题不是单纯的卫生问题，而政府有责任投资改善劳工阶层的住房和生活水平。从把华人作为公共卫生法的调整对象到受惠对象，这一立法逻辑的转变前后经过差不多100年时间。从立法和管治角度而言，香港公共卫生法的发展和演变仍有许多宝贵的经验值得我们反思和学习。

第四编　景观空间

国家权力、城市住宅与空间转型：以民国首都南京为中心

陈蕴茜

1927年后，南京成为国民政府的首都，随着模范首都建设工程的推展，城市住宅建设成为市政工程、更成为国家形象工程的重要组成部分。《首都计划》对城市住宅进行了详细规划与分区，南京市政府随之开展大规模的城市住宅建设，城市空间布局也随之发生变化。本文将以南京国民政府时期的城市住宅规划与建设，研究国民政府如何运用空间策略来建设并控制城市与社会，以及住宅发展对南京城市空间转型的影响。

一、《首都计划》与南京住宅建设规划

在传统时代，南京是一座兼具政治与商业双重功能的城市。由于传统国家对城市的控制力较弱，政府虽对城市发展制订规划，但城市住宅建设并未被纳入政权管辖范围，除明初因政权甫建，为了对都城实施政治与社会控制，将居民住宅区按

照官阶、职业等进行过严格划分[①]。后来，政府只对官员住宅依据品级制定建筑规制，对平民住宅以及空间定位则未明确规范。随着明朝迁都北京，这种控制逐步解体。

中华民国临时政府建都南京后，大批人口涌入南京，1912年人口26.9万，1926年升至39.6万。1927年国民政府定都南京后逐步增加，1930年激增至57.7万，1936年再至100.6万；[②] 户数由1929年1月的91 340户[③]，增至1931年1月的113 908户，以后继续快速增长至1936年底的197 496户。[④] 在当时中国的大城市中，南京市人口与家庭增长率最高。人口与家庭的增长必然扩大对住宅的需求，住宅业随之发展。但现代国家政权建立后，住宅建设不再属于个人行为，而是逐步被纳入国家权力控制的范围。随着南京人口增长和住宅业的迅速发展，国家对住宅业的控制与影响日益明显，而作为首都的南京，政治力量在城市规划中的作用更加突出。

1928年，国民政府为将南京建设为“模范首都”，“首善之区”，专门成立了“首都建设委员会”，并下设“国都设计技术专员办事处”负责制定《首都计划》，由美国著名设计师墨菲担任顾问。次年12月，《首都计划》正式公布，该计划对南京城进行了明确的功能分区，这是城市规划的基础，初步分为公园区，第一、二、三住宅区，第一、二商业区，第一、二工业区第八区，首都的中心则是中央政治区。计划对住宅区又进行了明确的划分：

---

① 徐泓：《明初南京的都市规划与人口变迁》，《食货月刊》1980年第3期，页96。

② 《南京市自治工作概况》，中国国民党中央委员会党史委员会编印：《抗战前国家建设史料·首都建设（三）》，《革命文献》1982年第93辑，页226。

③ 《统计资料》，立法院统计处编：《统计月报》1930年第3期，页1。

④ 《南京市自治工作概况》，中国国民党中央委员会党史委员会编印：《抗战前国家建设史料·首都建设（三）》，《革命文献》1982年第93辑，页227。

> 住宅区设在旧城各处，分为四个等级，即第一、第二、第三住宅区及旧住宅区。第一住宅区为官僚等上层阶层住宅区，即山西路颐和路一带；第二住宅区为一般公务人员住宅区；第三住宅区中又分四区，其中三区在距市区远而偏僻的市郊，一区即为下关的棚户区。至于旧住宅区则原封不动地加以保留。①

《首都计划》不仅从宏观上和功能上进行了分区，而且对各住宅区的建筑规制、楼层数量与高度、绿地配置等均进行了详细规定，从建筑与空间上进一步明确了住宅分区。《首都计划》还提出了公营住宅建设应纳入政府市政工程的规划。设计者借鉴欧洲等国将公营住宅建设纳入国家建设体系的做法，为南京制定了相应的住宅建设框架，指出"要以中央出资、市府营建为普遍，此种住宅，或收回低微之租金，或更免费借住，一视其种种情形之如何而定"。而且，"以南京而论，此种住宅，应供给下列三种之居民：（一）入息低微之工人。（二）因筑路拆屋而失所栖止之居民。（三）政府职工"。此外，《首都计划》还对提供给这三类群体的住宅区位、建筑样式、所用材料、厨卫设备等进行了初步的设计。工人住宅"大抵城南、城西、城中人烟稠密诸区，即其最好地点"，而政府职工"住宅之建筑地点，应以后湖东北、中央政治区东、西、南三面为之"。这类住宅不仅建筑成本相对高，而且配套设施较好，楼距较大，却配有绿地及宽阔的道路。《首都计划》配有绘制的草图。可见，《首都计划》对于政府职工的住宅极为重视。对于拆迁居民重新安置则因条件各一并无明确规划。对于工厂工

① 国都设计技术专员办事处编：《首都计划》（南京：南京出版社，重印本，2009），1929，页176。

人住宅，《首都计划》则认为应由工厂负责，政府指导，地点则“应择下关及三汊河南部诸地附近工厂者为之，其建筑方法，亦当以最省费者为标准也”。[①] 由此，公营住宅的建设已经纳入国家建设的范围，并且依照职业划分的住宅分区已经基本确定。《首都计划》也建议政府提供租赁公地、市民自行建房。

《首都规划》对南京住宅的分区，直接引导着后来南京城市住宅区的发展，并导致城市空间转型。

二、新建高等住宅的空间分布

20 世纪 20 年代末至 30 年代的南京，正是国民政府对南京进行大规模建设与社会控制同步进行的时期，《首都计划》颁布后，南京市的住宅发展过程中，基本按其分区规划发展。由于住宅建设必须与市政整体建设相协调，而且住宅排列的疏密与否、卫生设施有无、建筑材料性能好坏等均关系到居民的健康与安全，因此，南京市政府制定了《南京市建筑规则》，1935 年又进行了修订。该规则划定街道两侧的建筑边线，分别规定建筑物的高度、建筑面积、构造设备，并取缔危险屋房、无照动工、违章建筑等，而对住宅的楼层、窗子、地板、屋顶、墙面等所占比例、建筑用材等也有相关规定，这使住宅建设走向正轨。[②] 与此同时，政府还在修建住宅的配套设施方面起决定性作用，如解决道路交通、供水、排水问题等。正因为如此，南京城市住宅业的发展是由政府指导并提供部分保障的。

因“自奠都以来，人口激增，原有住宅，供不应求，且大部分偏在城南，自下关以迄鼓楼，逶迤十数里，人烟寥落，甫

---

① 国都设计技术专员办事处编：《首都计划》，页 197 – 202。

② 《修正南京市建筑规则》，《南京市政府公报》1935 年第 159 期，法规，页 28。

入国门，即呈荒凉之象，亟应设法繁荣，以壮观瞻”[①]。为了建设模范首都，南京市政府遂在20世纪30年代大力发展住宅业，且基本按《首都计划》的分区规划修建，国家权力在住宅建设中发挥着至为重要的作用。

高等住宅多为新建住宅，分为三类。第一类住宅是独立式住宅。这类住宅集中于山西路新住宅区，由政府“征收大方巷，老菜市，阴阳营，古林寺一带地方辟为新住宅区，并经首都建设委员会审查通过内政部核准公告，核与土地征收”[②]。随后“划分段落，依照原有地形设计，保存天然风景，开辟整齐清洁、适合现代生活的新住宅区，并颁布领地章程，以供市民领购建筑”[③]。这类住宅基本都位于《首都计划》所规划的第一、第二住宅区内。

第二类住宅是里弄式住宅。国民政府定都南京后，机关单位增多，工商及服务行业也相应增多，城市人口骤增，住房供不应求，各部门及单位开始建造里弄住宅。在今鼓楼区出现较早的里弄房屋是邮政界在五台山建造的五台山村家属宿舍。在市心和城东地区建造的里弄（新村）房屋，主要分布在忠林坊、成贤里、逸仙村、钟岚里、公教一村、梅园新村、桃源新村、望桥新村、雍园、和平新村、复成新村等。不少国民政府公教人员居住在裕德里、公教一村、桃源新村、雍园及复成新村等地。“抗战胜利，政府还都南京，为公安公教人员生活，解决公教人员房荒，行政院中央还都机关房屋配建委员会于三

---

① 《转知新住宅区开工行政院指令情形案》，《南京市政府公报》1933年第134期，页58。

② 《转知新住宅区开工行政院指令情形案》，《南京市政府公报》1933年第134期，页58。

③ 陈岳麟：《南京市之住宅问题》（台北：台湾成文出版社有限公司，1936），(美国)中文资料中心影印，页90－91。

十五年间，特拨巨款在市区内兴建蓝家庄，回龙桥，广州路，中山北路及马府街等地公教新村五处，共住六百多户。”① 市政府特别聘请著名设计师杨廷宝设计。② 1949 年前，在鼓楼地区建造的里弄、新村住宅房共计 43 处。③ 这类住宅大都位于第一、二住宅区，少数在商业繁华的第三住宅区。因此，这些住宅因形成相对独立的住宅小区，与周边普通住宅及棚户依然形成了明显的空间分异。

第三类新式住宅是公寓，多半是营造厂、木行以及其他资本家经营。这种住宅既有楼房，也有平房，少数有餐室与卫生设备，但大部分则无，不过，相对于当时大多数住宅还是棚户及简易平房而言，这类住宅已经相当现代，它们主要集中于城北大石桥宁兴里，成贤街的成贤村、成贤里，湖南路的承厚里、志诚里、立诚里，三牌楼的三益里、新生里、祥云里，新街口附近的泰平里、同贤里，城东三条巷的复兴里、南园，公园路的广严里、体育里，大光路的大光新村、光华新村，城南乌衣巷的泰安里等。④

三、政府与下层住宅的建设

作为新兴的国民政府，国家将平民住宅建设纳入政府建设范畴，这与传统时代完全不同，体现出民众与国家关系的转变。南京市政府制定建设规划，由政府兴建廉租给贫民的住

---

① 徐士俊：《南京公教新村服务工作报道》，《社会建设》1948 年复刊第 6 期，页 65 – 67。

② 杨廷宝作，南京工学院建筑研究所编：《杨廷宝建筑设计作品集》（北京：中国建筑工业出版社，1983），页 13 – 137。

③ 南京市鼓楼区地方志编纂委员会编：《鼓楼区志（上册）》（北京：中华书局，2006），页 264。

④ 陈岳麟：《南京市之住宅问题》，页 38。

宅，以改善贫民的居住条件。

自定都南京后，政府就开始取缔“芦棚土屋”：“凡市内贫民无处栖身者，除由工务局指定荒僻地点外，一概不准搭盖芦棚土屋。”与此同时，为迎接孙中山奉安南京，政府修建重要的政治工程——中山大道，大量居民被拆迁，市政府工务局遂“以最迅速之处置，招工修筑甲乙丙丁各种住宅”，也“为救济贫民住所起见，乃勘定洪武门、东花园、鼓楼等处，建筑各种市民房屋，以应需要”①，至1928年底即建成平民住宅470多间，计250多户。② 1930年，市政府在皇城乡、白鹭乡建成平民住宅300余间，住宅全部提供给贫民，租金甚微。③ 1931年，金川门外、玄武湖边建成平民、湖民住宅371间。④ 1934年，中委陈璧君发起“在下关江边建平民住宅，借以改良平民卫生，而增健康、俾整齐南京市容”。受此影响，“行政院决定由政院各部会分别担任建筑经费，计铁道、财政、交通三部各任1万元，南京市政府任15万元，蒙藏委员会任3 000元，其余各部会不定，共凑足40万元”⑤。后据南京市政府称：“又在模范马路、红庙、广东山庄、造币厂、老虎头、杏花村等地方征收土地6处，计面积四百四十余亩，均辟为平民住宅，均以廉价出租，平民深蒙其惠。”⑥ 另据陈岳麟统计，至1936年前后，市政府总计投10.73万元，又建成中山门外、和平门外、武定门

① 南京特别市政府秘书处编译股：《一年来之首都市政》，1928年12月，页82、79－80、87。

② 南京特别市政府秘书处编译股：《一年来之首都市政》，1928年12月，页82、79－80、87。

③ 范作瑶等编：《南京市政（中册）》，1930，第三编：《社会行政》，页52－53。

④ 《戊种平民住宅落成》，《首都市政公报》，1931年第88期，纪事，页6－7；《玄武湖湖民住宅落成》，《首都市政公报》，1931年第89期，纪事，页3。

⑤ 《下关江边建平民住宅》，《中央日报》1934年11月9日第2张第3版。

⑥ 南京市政府秘书处编印：《十年来之南京》，1937年6月1日，页19。

外、光华门内、止马营、七里街等 7 处平民（湖民）住宅区，共计 871 所住宅，并廉价租给平民。[①] 平民住宅的建设不仅解决了平民的住房问题，使市中心面貌大为改观，而且使城市得到拓展，荒辟乡野变为繁华新村。抗战之后，为恢复建设，政府仍将平民住宅建设纳入市政工程规划，直至 1948 年也是如此，政府"筹建平民住宅，以谋一般市民住的问题之改善"，[②] 曾计划在年内建筑平民住宅 2 040 所[③]，实际建成的平民住宅十分有限。

南京城市住宅中尚有数量众多的棚户，且增长快，估计由定都时的 4 000 多户，增至 1934 年 10 月的 38 900 户，占全市户数的 26.41%[④]，1935 年又增至 46 119 户。[⑤] 棚户主要位于城市边缘地带，如下关、莫愁湖、汉西门、光华门、中华门、雨花台等地。[⑥]

棚户多用泥土、茅草搭建，既有碍市容卫生，有损首都和国家形象，又有碍消防治安，给市政管理带来困难，政府力图消灭棚户，曾颁布并修订取缔棚户章程，但却效果不彰。南京市政府只得退而求其次，改善现有棚户住宅条件，于 1934 年组织"棚户住宅改善委员会"，改造棚户区，拆除了一批卫生环境恶劣的棚户区，开发新棚户区，并负责修筑道路，开设沟渠，设立学校及卫生设施，按每期迁出 5 000 户的原则，将全市棚户逐年迁移，彻底改变市区面貌。原计划共分期建成 9 个新棚户区[⑦]，但是，至 1936 年，仅建成四所村、石门坎两个棚

① 陈岳麟：《南京市之住宅问题》，页 83。

② 南京市档案馆藏，南京市工务局档案，卷宗号 1003－8－634，《南京市政府拟建平民住宅计划概述》（1948 年 2 月）。

③ 《筹划建筑平民住宅》，《南京市政府公报》，第 4 卷第 5 期，1948 年，页 99。

④ 吴文晖：《南京棚户家庭调查》，中央大学，1935，页 11。

⑤ 南京市户口统计专门委员会办事处编印：《民国二十五年度南京市户口统计报告》第 1 册，页 11。

⑥ 吴文晖：《南京棚户家庭调查》，页 83。

⑦ 陈岳麟：《南京市之住宅问题》，页 81－82。

户区，共迁入棚户 3 000 多户，并未完成每期 5 000 户的计划，而且每个棚户承担了 30 元的棚户建费，市政府只负担附属设施的费用。由此，南京城遍布着新旧差异巨大的住宅区。

与清末民初相比，民国时期，南京城市住宅发生了巨大变化，形成了新的格局：新式高档住宅位于城北与市中心，少数出现于城南；中档里弄式住宅与公寓则相对集中市中心和城南，而平民住宅与棚户则基本在城的边缘或城外。（见图 1）

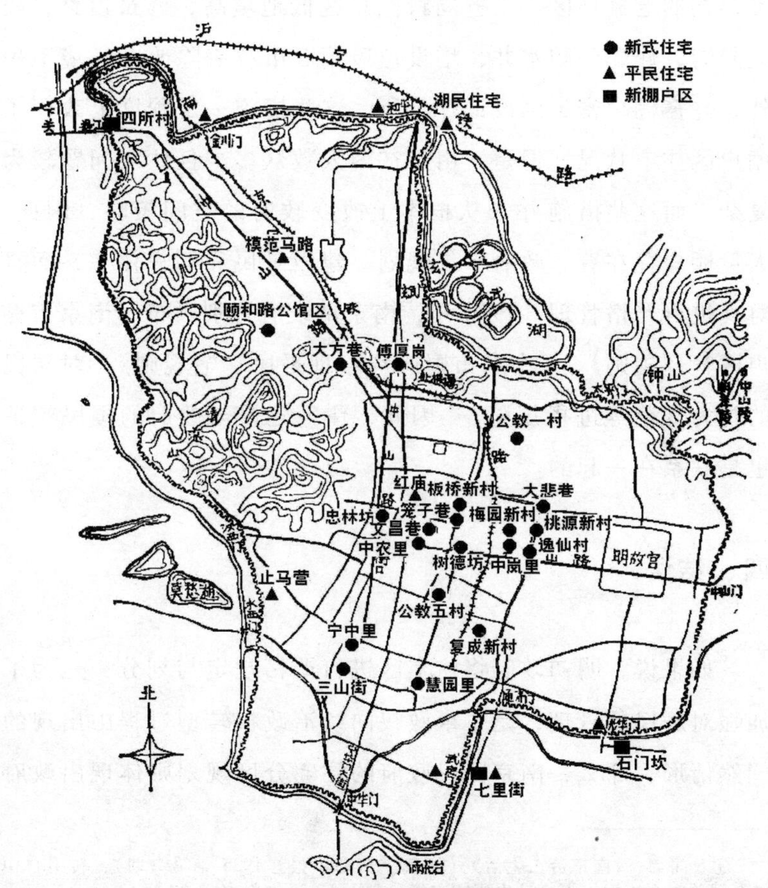

图 1　南京市各类新建住宅分布图

就各类新建住宅的分布而言，基本与《首都计划》所规划的相同。当然，必须指出，由于南京市政府的控制能力并不十分强大，城市住宅的空间分布并非全部按照政府的规划，有些特别“有碍观瞻”的棚户也出现于城市的中心。时人称：“南京的贫民窟是触目皆是”，贫民窟不可避免地出现于城市的中心，如中央党部前面、淮海路等处。①

政府一方面修建平民住宅和新棚户区，另一方面则改造大量存在的老棚户区。工务局将棚户区低地填高，修筑道路，疏浚阴沟，修建公厕水井，增设垃圾箱。市政府除改善环境卫生外，并在棚户密集区设诊疗分所。这些措施一定程度上改善了棚户区住宅状况。但是，由于贫困人数众多，且住宅问题较为复杂，而这些措施并未从根本上改变政府的空间策略，因此，大量棚户存在着。政府不仅规划、建设平民和棚户住宅，而且对其进行严格管理。1936 年，南京市政府特别颁布《南京市棚户区管理规则》、《南京市财政局管理平民住宅规则》，对居民的行为规范等进行规限。② 因此，住宅建设与政府的国民塑造也是联系在一起的。

四、结语

如果说，明初政府将住宅区进行严格规定与划分，是为了加强对居民的管理，是军事政权向统治政权转型过程中出现的偶然情形，那么，南京国民政府的住宅分区规划则体现出政府

---

① 闻聋：《南京劳工生活》（原载《劳动季报》1935 年第 7 期），转引自中华全国总工会中国工人运动史研究室编：《中国工运史料（第 27 辑）》（北京：工人出版社，1985），页 158。

② 《市府公布棚户区管理规则》，《中央日报》1936 年 4 月 23 日第 2 张第 3 版。

为了树立首都新形象与统治权威，对南京城市住宅进行全方位改造的特性，而其制定的公营住宅政策则是从西方引进的，它更多地体现了国家与个人关系发生的变化，是现代民族国家发展过程中为解决社会问题而进行住宅规划的结果。

住宅区的生成，蕴涵着特定的权力关系，它成为一种权力的地理表达形式，它所反映的是国家、规划者对城市的定位，对区域发展的设想。民国时期南京城市住宅的发展，让我们看到了国家权力在城市规划与住宅发展中的决定性作用，政府的空间策略如何服务于国家首都形象工程，又如何改变着南京城市空间。南京城市因为城市住宅的分区发展，整个城市的空间形态发生转变，西式的、现代的洋房成为文明、高雅的住宅典范，并成为主流住宅形态以及首都形象空间的代表之一。南京城原来繁华的城南在规划为第三住宅区后日益衰落，曾经是世家大族与世商豪富聚集的地区已经不再，转而成为衰落、破败的地区。新兴的豪门大族不再以此为居住地，城市中心向北转移。南京住宅发展折射出现代国家权力对城市空间的建设、控制与改造是极具深度的，民国时期形成的住宅分区一直影响到20世纪中后叶。

破墙而出：清末民初广州西关地区景观的延续与变迁*

程美宝

广州西关地区自清代以来的商业发展和景观变迁，是广州享有独口通商的地位后，由洋行贸易驱动的结果。所谓“西关”，大体是指省城城墙外以西，北至第一津，南至沙面，西往泮塘方向逐步延伸的一个区域。正如帝国时期其他省城一样，广州城内的建设向为衙署主导，当中间以庙观及少数摊肆，城北为越秀山，城南临珠江，城东为旱地，多辟作教场，发展都有所局限，因而绝大部分的商业发展皆集中在城外西关这块水网交错、交通方便，又能堆填成陆、建筑楼房的地带。西关成陆是长年以来河滩自然冲积和人工堆填的结果，因此，西关的发展并非一蹴即就，而是经历了一个由北而南，自东向西的延伸过程。

---

* 本论文是教育部人文社会科学重点研究基地项目基金资助的 2009 年度重大研究项目《近代省港澳大众文化与都市变迁》（项目批准号：2009JJD770032）的阶段性成果。

关于广州西关地区的情况，已故的地理学家曾昭璇先生早就做了许多筚路蓝缕的研究。[①] 本文尝试在曾先生研究的基础上，利用近年陆续出版的中外文献与地图，对西关地区的发展作一较微观的描述。由于在1918年之前，广州城由南海、番禺两县分治，县城与府城同时设在广州；两县分治之地，均由督捕厅直接管辖，故两县县志均称这些地方为“捕属”。西关地属南海县，亦属“捕属”，由捕房而非巡检司管治。也因为如此，历次编修的《南海县志》是本文主要的文献。巧合的是，清道光以降，南海出现了专攻天文地理的学者，使得《南海县志》附载的地图有异于许多同时期县志的地图。笔者在浏览各种地图的过程中，体会到不同时期显示西关地区的地图在细节上的异同，不纯粹是一个能否“精确”反映“真实”的“技术”问题。这些异同，往往提供了许多地图以外的信息，我们若能将之与中西文献和其他图像结合使用，对一个具体地区的空间的发展进程，当能达致一个更动态的认识。

一、半塘西关

清初屈大均《广东新语》谓：“广州郊西，自浮丘以至西场，自龙津桥以至蚬涌，周回廿余里，多是池塘，故其地名曰‘半塘’。”[②] 直到现在，“半塘”（泮塘）仍然是西关一个地名（更准确的说法应是“水名”）；“半塘”二字，也是对西关地势一个十分贴切的形容。据曾昭璇研究，西关平原处于河湾冲

① 见曾昭璇：《广州历史地理》（广州：广东人民出版社，1991），下篇第3章“明、清时期广州城历史地理”，第2节第2部分“西关平原的开发”。

② 屈大均：《广东新语》（卷27，北京：中华书局，1985），草语，莲蔆，页704。

积之地，随着沙泥淤积日多，长年以来，平地不断向西向南推进；这块通过占积珠江河滩而成的新立坦地平原，地势较低，每逢大雨即淹水，部分街区低处标高更在珠江高潮面之下，潮涨便淹入内街。西关荔湾及泮塘地区大片禾田、池塘、河涌，都是在19世纪末至20世纪才填为陆地的。因此，谓西关“半塘”（一半是水塘），至今天仍然名副其实。

曾昭璇有关西关地区珠江河岸线的演变的研究，也提醒我们不能把西关地区蓬勃发展的历史推至太早。根据淤泥层和蚬壳层的深度、考古发现，文献和地图考察，曾昭璇认为西关地区珠江河岸大致经历了如下变迁：（1）六朝：西关沼泽地区开始成陆较多，“西来初地”即为公元526年的码头区；（2）隋：已见“杨仁里”地名，“杨仁里”位于“西来初地”以南，可见河岸线又进一步南移；（3）唐：三角市（花田）已达十八甫南江岸；（4）宋：江边以南海西庙为界，位于今文昌路；（4）明：十八甫大观河、下西关一带已大部分成陆，十六甫是明代街道，江岸当在此街之南；（5）清：据《广州城坊志》，清初时，宜民市是安插在泮塘、西村等地的“无业疍民”的贸易集场地。“番禺疍户约万人，遂择柳波涌以及泮塘、西村，准其结寮栖止。此辈网耕罟耨，不晓耕作，惟日售其篙橹以糊口。”可见仍到处是水面，但又有局部的陆地可作集市。据曾昭璇的推敲，西关河岸边界在1647年位于回澜桥附近，至1777年左右南移至荳栏南，1846年则再南移至二马路北侧，到1856年，靖远街更南伸近长堤。[①] 从1900年出版的《粤东省城图》可见，原来十三行外的渡头、埠头和税馆所在，至20

① 参见曾昭璇、曾宪珊：《西关地域变迁史》，《荔湾文史》第4辑。有关“宜民市”的引文见黄佛颐编纂：《广州城坊志》（广州：广东人民出版社，1994），页552。

世纪初已向外延展成一条条的直街，与在1861年填筑完成的沙面北岸成直角，形成一个十分平整的景观。①

二、神仙西关，园林西关

从以上的地理知识出发，我们会较易明白为何在清代官修方志和民国年间黄佛颐编纂的《广州城坊志》列举许多据说可追溯至较早时期的寺观，都集中在第八甫以北地势较高或过去的海岸线也就是码头附近的地方。在清顺治十二年（1655）落成的华林寺，据说是南北朝萧梁普通七年（526）达摩从西竺国泛海至粤城西南登岸所在，故名"西来初地"。② 不论此传说是否可信，但公元5—6世纪时此处是海岸线当属无疑。位于华林寺附近的长寿庵，明万历三十四年（1606）建③，在旧顺母桥故址，可见本亦属津泽之地。据说始建于宋朝的西禅寺（明代一度改为方献夫祠，清初复建），位于龟峰（岗）④，顾名思义是隆起之地，道光《南海县志》附省城地图也以山形标之。明清不断改建，至道光《南海县志》标记为"浮丘寺"的所在，相传为"浮丘丈人得道之地"的浮丘山，万历《南海县志》谈到此处的地理状况时谓："昔在水中，今去海已四里，惟余山顶高仅数尺。"⑤ 据说创建于宋皇祐四年（1052）、重修于明天启二年（1622）的仁威庙，位于泮塘地区，但乾隆五十

---

① 《粤东省城图》，羊城澄天阁点石书局印，1900，收入中国第一历史档案局等编：《广州历史地图精粹》（北京：中国大百科全书出版社，2003），页81。

② 黄佛颐编纂：《广州城坊志》，页572；同治《续修南海县志》［同治壬申（1872）镌版］，卷12，页37。达摩登岸时间一说是萧梁大通元年（527），见《华林寺开山碑记》［康熙二十年（1681）］，收入宣统《南海县志》，卷13，页11－12。

③ 黄佛颐编纂：《广州城坊志》，页561。

④ 黄佛颐编纂：《广州城坊志》，页550。

⑤ 万历《南海县志》，卷2，舆地志2。

年（1785）重建时有碑曰："泮塘地附郭，多陂塘，有鱼稻荷芰之利，无沮洳垫隘之苦。"[①] 如果至乾隆年间此地仍是多陂塘，在宋代时已成陆并有建置的可能性大抵不大。

荔枝湾和泮塘一带半水半陆的沼泽地貌，倒是方便建置园林景致之地。万历《南海县志》说荔枝湾位于"城西七里。古图经云：广袤三十余里，南汉创昌华苑于其上，今皆民居，莫详其处"。[②] 泮塘则据说曾有一华林园，宋末犹存。[③] 近代西关地区最著名的园林是位于泮塘的海山仙馆，是以务盐致富、曾独力出资重建贡院考棚的商人潘仕成的产业。宣统《南海县志》说"潘德舆仕成以鹾起家致巨富，有别业在泮塘曰海山仙馆……贵交往来，手牍如游，碑林目不暇给，四面池塘，芰荷纷敷，林木交错"[④]。后来，海山仙馆因潘仕成盐务大不如前，用售卖抽奖券的方式变卖。宣统《南海县志》续说：

> 咸同以后，鹾务凋敝，主人籍没园馆，入官议价六千馀金，期年无人承领，乃为之估票开投，每票一张，收洋银三员，共票二千馀，凑银七千员，归官抵饷，官督开票，抽获头票者，以园馆归之。时有好事者，将"海山仙馆"四字，拆分为六字，"每人出三官食"，隐与此事符合，然则命名之初，早已成一语成谶，岂所谓事皆前定耶？

今天，这些园林虽皆烟飞迹灭，但1958年在这一带动工

---

① 同治《续修南海县志》，卷12，页12。

② 万历《南海县志》，卷2，舆地志2。

③ 黄佛颐编纂：《广州城坊志》，页642。

④ 宣统《南海县志》，卷26，页54；潘仕成独资重建考棚事见同治《续修南海县志》卷4，页5。

兴建荔湾湖公园，挖出数个人工湖，一方面解决西关地区的水患，另一方面为市民提供公共休憩的场所。因“半塘”而造就的园林西关，始终是此地的一大特色。

三、商业西关

官修方志和文人所撰志书诗文笔下的西关，大多偏重于载录庙宇寺观、园林胜迹；西关商业繁盛的景象，只是一笔带过，尽管这些庙宇和园林的主要赞助人，往往就是在西关起家的商人，但“商业”这个主题在传统的中国文类中，罕有详细描述。虽然西关是十三行及夷馆所在，夷馆地产多属洋商伍怡和行及潘启官，街巷里有无数小杂货店、钱店、故衣（刺绣）店，给洋人提供兑换银钱及购买零星物品[①]，但在大多数官修的《南海县志》中，西关中西货物杂陈的商业景象并没有加以突出，只归在传统方志“墟市”的行列。

在官修县志的记载中，因十三行生意而变得大盛的下西关墟市情况直至道光《南海县志》才有所反映。万历《南海县志》所列城内外的“市集”有“城内外有大市、西门市、撒金巷口市、新桥市、大观桥市、沙角尾市、半塘街市”[②]；此后崇祯（卷 1 页 12）、康熙（卷 2 页 23）、乾隆《南海县志》（卷 2 建置志）列举的情况相同。道光《南海县志》记捕属新城外的墟市情况有较明显变化，在撒金巷口市、大观桥市、沙角尾市、半塘街市之外，新增了长寿庵墟、宜民市、青紫坊

① 梁嘉彬：《广东十三行考》（广州：广东人民出版社，1999），第三篇第三节《十三行与十三夷馆》。

② 万历《南海县志》，卷 1，舆地志，市集。

市、三摩地市、清平集市和十七甫市。[①] 同治《南海县志》的记载比较详细，但经历了鸦片战争后，对于这个地方的历史叙述颇有弦外之音。历次编修的《南海县志》"市集"或"墟市"篇，一般只列举墟市地点，但同治《南海县志》《墟市》篇，却附了一段详细的说明曰：

> 捕属：十三行互市，天下大利也，而全粤赖之，中外之货，坋集天下，四大镇殆未如也。蛮楼轰起干云，油窗粉壁，青锁碧栏，竞街兼巷……乾嘉之间，其极盛者乎！乃咸丰丙辰，天夺其魄，尽毁于火，后移市河南鳌洲等处，营缮草创，瑰丽巍峨，迥不逮昔，盖各商乐居香港，独司事留耳。迨己未又言定移市中流沙，殆即拾翠洲，俗称沙面……乃欲如精卫填海，白鹅前导，香象未焚，沿岸各炮台余址，甃石尚多，尽徙而投之江，无过问者。复量沙畚土以实之，珠湄歌舫，迁泊谷埠，谓将恢宏图而复理故业也。费至二十余万，均由都门犒赏拨扣。昔之珠帘绣柱，烟波画船，玉箫金管，顿作衰草黄沙……又自北岸开冲起煤炭厂，迄油步头，各修石磡，并于石磡上筑直路至联兴街连接填平，俗称鬼基，乃八九年中始新建，楼观六七座，屹然如窣，堵波涌现楼台于佛界，颇极庄严……乃至聚优伶、诱博簺，黔驴之技，殆可知已。夫粤地狭民稠，力穑者罕，逐末之氓，十居六七，而市舶之利独鉅，虽□恒货殖，与蓄商水火无交者，亦因市舶之丰歉为赢缩，倘仍旧观，则百物骈臻，

---

① 道光《南海县志》，卷13，页25。

商贾辐辏，而全粤又安矣。全粤又安，戎氛永靖，然未敢必也，且吴楚闽越，移市等处，亦未闻其珍藏盈物也。瓮算之愚，古今一辙，殆卒两败俱伤耳。[①]

鸦片战争和由此引发的广州入城问题让人犹有余悸，以上引文的表述小心翼翼，并非无因，但其传达的信息至少有两处值得我们注意，配合方志附载的《县治附省全图》阅读，尤有趣味。首先是沙面的建置问题。正如引文所说，沙面原为一片面对白鹅潭，名叫“拾翠洲”的沙洲。[②] 第二次鸦片战争签订《天津条约》后，租界制度推广，英国要求在沙面恢复十三行被烧洋馆，1859 年 7 月经两广总督同意填筑沙面岛，在沙面北面挖出一条人工河，名曰“沙基涌”。所有堤岸用花岗石砌筑，围合成一小岛，岛内用沙砾石填充，建东、西二桥连接“沙基路”（即今天六二三路）。1861 年 9 月签订《沙面租界条约》，沙面正式成为英法租界。[③] 但同治《南海县志》既没有提英法租借等事实，所附之《县治附省全图》对于这片人工填筑之地，也没有标明是租界，反而是刻意标上“西炮台、西宁台故址”——即使明知各炮台已“尽徙而投之江，无过问者”。这样的标图方式，明显表达着一定的惯性和“政治正确性”。

其次，经历了咸丰六年（1856）的大火后，十三行沿江边一带进行了大规模的重建。上述引文谓“并于石磡上筑直路至联兴街连接填平，俗称鬼基”，当年中西贸易的盛况，只剩下一个“鬼”字让人回味。1900 年《粤东省城图》标记了联兴

① 同治《续修南海县志》，卷 5，页 18 - 19。
② 康熙《南海县志》，卷 1，页 9。
③ 汤国华：《广州沙面近代建筑群：艺术、技术、保护》（广州：华南理工大学出版社，2004），页 1。

街所在，几条从十三行延伸的直路，清晰可见。同治《南海县志》附图大体描画了这条变得平整的岸线，显示了最近的变化，绘画的方法和效果，显然也比道光《南海县志》更接近"现实"，但其在西关地区标记的地名，主要集中在上西关，而且主要是明末清初已出现的地名和庙观，而商业繁盛的下西关部分，虽然画上虚线显示了一些街道，唯标记的地名既寥寥可数，又没有反映最新的商住情况，人文地理的信息量还不如道光《南海县志》的附图。

以现代地图绘画的标准来衡量，道光《南海县志》的"县治附省全图"只能算是一幅示意图，但其标记的街巷名却比同治和宣统《南海县志》密集得多。图中十三行新街前的几个很特别的图标，分明就是标记楼高两层的"夷馆"和洋人当时在沿岸所建却为某些中国官员不悦之栅栏。这些栅栏，是码头的附属建筑，在当时以商馆为题的油画和水彩画中十分常见。道光十一年（1831），广东巡抚朱桂桢到洋行参观自鸣钟，看见洋行前的"鬼子码头"及其附属建筑，勃然大怒，勒令洋商伍崇曜督工将之拆毁。[①] 道光《南海县志》成书于1835年，编纂似乎未够敏感，还在地图上画上这个让官员大怒的栅栏，也许当时的政治局面，还没有让本地官员和士大夫感到山雨欲来风满楼；又或许是栅栏拆除不久之后，外国商人又故态复萌，否则，为何在1835年至1840年间绘制的外销油画上，这些栅栏仍清晰可见？果真如此，则道光《南海县志》也不过是反映现实而已。无论如何，道光《南海县志》的"县治附省全图"中外国商馆与栅栏并存，让人隐约感觉到道光年间西关地区中西商贸一派乐观的气象。我们固然不能要求目的是为

① 黄佛颐编纂：《广州城坊志》，页618。

了标记县治所在的道光和同治《南海县志》附图，能像现代地图般给我们提供翔实的信息，但其标记地名的选择性或惯性，却值得我们思索地图绘画者在决定收入什么信息时所作的考虑。

上述同治《南海县志》的引文，也隐约透露了鸦片战争后广州西关地区的商业发展情况。广州十三行的贸易显然因为鸦片战争后五口通商割让香港而今不如昔，但由十三行贸易带动的相关生意，显然使没有直接参与中外贸易者长期受益。方志编纂者也希望当年的盛况能够继续，所以说“倘仍旧观……而全粤又安矣”。我们也必须注意到，恰恰是这数个世纪以来的中外贸易带动的商业活动，使咸同以来的西关地区继续发达，否则也不会有经济基础去“聚优伶、诱博簺”。

下西关在同治年间更具体的商业情况，同治《南海县志》等官方的文献有所欠奉，我们只能从文人的诗词或竹枝词的字里行间感受到那种商业氛围，而读书人又总是不忘对所谓的奢华之风加上几分贬抑。幸好，英国圣公会香港会吏长、曾任英国驻广州领事馆牧师（Consular Chaplain）的 John Henry Gray（1823—1890），1875 年在香港出版了（《漫步广州》*Walks in the City of Canton*）一书，对广州省城各区的街巷作了非常具体的描述，更详细地记录了位于西关地区的商号和售卖货品的种类。[①] 为方便浏览，兹按其在西关的游览路线及沿途所见商铺情况表列如下（该书插有中文铅字，下表街道和商号的中文名称，除特别说明外，皆出自该书）：

① John Henry Gray, Walks in the City of Canton (Hong Kong: De Souza & Co., 1875).

表 1 《漫步广州》所见广州各主要街道沿线商号或商品

街道名称	商号名称 / 售卖货品
兴隆大街	左右两侧商店有批发零售来自孟买的棉布，再往里走有卖英国五金器具 合义：出售猪油 各种牲畜（鸭、鹅、野鸭、龟、蜥蜴、腌老鼠）
溶（容）光街	永泰：蛋店（腌蛋在麦栏街）
Tai-Wo Sai Kai（北帝庙附近）	有数家茶叶工厂（笔者按：街道中文名不详，音近“太和西街”）
槟榔街（北帝庙附近）	槟榔及椰子，来自海南及马六甲；来自鹤山的茶叶
显镇坊	Glue（笔者按：glue 意为“糨糊”，但是否有更具体之所指，待考）
杉木栏	福生布行，很多卖绳子的商店（rope-walks）如顺兴缆绳铺，三益染房，合成面铺，同珍茶叶铺，永茂生烟铺，友信夏布铺，金纶新衣铺
白米街	宝兴瓷器铺（顾客以洋人为主），怡昌瓷器铺
长乐街	金银纸扎、寿鞋、爆竹、蜡烛、寿帐、寿扇 （西人称之为“The Street of Undertakers”，意即“殡仪业街”）
登笼街	灯笼、蜡烛、锡罐材料、水管工、铜匠
从鸡栏再转入长乐街	木雕
朝圣门	焕香猫狗肉铺、太和及茂隆（鸦片烟寨）
十七甫	爱育堂，开设门诊（朝八午二）
十八甫	伍家（Howqua，即浩官）大屋、潘明呱大屋、李仲良大屋；古董店、棺材店
下九甫	仓沮祖庙、徽州会馆（标明为“绿茶茶商会馆”）、冯济时（医生）、净修庵（从十八甫过德兴桥，到洪圣庙，旁为天后庙，庙前空地称“乞儿地方”）
庆云里（西来初地附近）	协记漆器铺
华林寺西来初地附近	关帝庙，鞋里店

续表

街道名称	商号名称／售卖货品
贤梓里	旧货墟，早上5—8点，又售当铺货、贼赃；茂林园（出租或售卖花卉，宴饮）
永兴大街	仁信吹玻璃铺
福星街	另一“天光墟”
长兴街	玉石匠、玻璃手鈪（仿冒玉鈪，买家包括Parsee［帕西人］和Mohammedan［伊斯兰教］商人，分别转到孟买和加尔各答卖给印度女人）
畴春洞	丝织厂、猪乸岗、珠瑁岗（义冢，附近有财神庙、线香庙等）
聚星园、珠秀坊	卖金鱼；乞儿头会馆；西禅寺
长寿里	卖妇女丝裙（边条在彩虹桥附近制造）、广隆玻璃灯铺
晓珠里	经常堆满曼彻斯特的货品
瑞兴里	祥茂蒲画扇铺
兰桂里	义昌、义兴：做珍珠贝母装饰
杨巷	泰源玻璃铺、宏盛玻璃铺、绣花丝鞋、烟枪
十七甫	元贞当铺、桨栏街（宁波会馆）、泰隆燕窝铺、保滋堂（药店，出售鹿鞭）
新荳栏	裕成瓷器铺（出售各式“现代”瓷器、酸枝家具，价钱较贵） 再转入装帽街、桨栏街、太平街
打铜街	银行（西人称之为Lombard Street，位于伦敦，是各大小银行和放款店的所在）、胜隆丝线铺、泰盛洋磁店（兼卖铜器）
第八甫	义经（Eking）绣巾铺、永盛绣巾铺（番名义兴Ehing）
眼镜街	玻璃画、玻璃灯笼、袋装日晷、罗盘

以上所列街名，大部分可在1900年的《粤东省城图》找到，据此及书中其他的内容可知Gray行走西关的路线是由南往北再折返南面经太平门入城。他描述的许多货品或商号，有不

少明显是“十三行市舶之利”的延续。这里除了有着满足本地人日常需要和商人的奢侈消费如燕窝等物品外，还售卖着英国及其殖民地的货品，包括英国的五金器具、曼彻斯特的货品（估计是工业纺织品）、孟买的棉布，以及相信是来自印度的鸦片。种类繁多的工艺品，包括茶叶、瓷器、玻璃画、扇画、珍珠贝母装饰，尤其是蓪草画，应该有不少是以洋人为对象的。其中一种冒充玉鈪的玻璃手鈪，作者更说明其买家包括帕西人和伊斯兰教商人，他们将之分别转到孟买及加尔各答卖给印度女性。此外，“永盛绣巾铺”注明“番名义兴 Ehing”，“义经绣巾铺”的英文名字则注明是“Eking”，“Ehing”和“Eking”这类英文商号，都是鸦片战争前售卖外销货品的广州商店习惯使用的。由此可见，尽管鸦片战争后广东十三行顿然衰落，但中外贸易所奠定的商业基础在同治以至民国年间仍一定程度上延续着。[①]

四、玩乐西关，房产西关

广州平康之地本集中于沙面。“省城西关外十三行之上曰沙面，妓船鳞集以千数，有第一行、第二行、第三行之目，其船用板排钉，连环成路如平地。”[②] 咸丰年间（1858）避乱佛山的倪鸿记曰：“广州妓馆，以珠江为优；珠江数处，以沙面为最。沙面在城西南江中起一沙州，妓女以板筑屋，其名曰寮。咸丰丙辰（1856）六月忽遭回禄，焚烧殆尽，南海令华樵云（廷杰）禁止不许重建。”[③] 这场大火，亦使个多世纪以来

① 见慈航氏编辑：《广州指南》（上海：新华书局，1919）。
② 刘世馨：《粤屑》，上海：《申报》馆，光绪丁丑（1877），卷3，页3。
③ 倪鸿：《桐荫清话》，卷3，页1（版本信息不详，约刻于咸丰年间）。

江边外国商馆林立的景象从此一去不复返，加上英法租借的建立，原来位于该处河面的歌舞平康之所亦向东移往谷埠，而沙面以北的陈塘以及附近的水面，至迟在民国初年亦妓馆林立。1919年出版的《广州指南》曰："准设妓宴之酒楼有两处，一在东堤，一在西关陈塘"；"水面妓艇有三处，一在东堤沙面，一在米埠与沙面间之河面，俗名鬼棚尾"。[①] 这种局面一直维持到20世纪50年代。

时至清末，另一种在西关呼之欲出的新式娱乐场所是戏院。光绪年间，有商人思量在广州城外择地兴建戏院。[②] 光绪三年（1877），位于沙面租界的美国旗昌洋行向南海县丞提出在十三行新填地开设戏馆的建议，但不获官府允许，最后不了了之。当时的南海县丞认为，上海香港容许设戏馆，是因为那里"地已归外国"，与广州不能同日而语，且该新填地毗邻西关，而西关又"烂匪最多"，即使有领票验票制度，秩序亦难控制。[③]

十年之后，约1889—1890年左右，某商人向官府申请批准其在城外西南两关偏远处所购买地段建设戏院，得到的答复是"多宝桥外河边地段，东西水绕，南北津道，一带偏隅，四围阔辽，余地尤多。就此建设，无居民比栉、行人拥塞之碍"[④]。多宝桥位于西关，该商人乃分别在西关和南关建立戏园，每园每年报效海防经费银一万二千元。[⑤] 由此，"戏班眷属

① 慈航氏编辑：《广州指南》，卷4。

② 详见程美宝：《清末粤商所建戏园与戏院管窥》，《史学月刊》2008年第6期，页101－112。

③ 杜凤治：《南武日记》，第三十七本，光绪三年十月廿四日条。有关杜凤治的生平及其日记的情况，见邱捷：《知县与地方士绅的合作与冲突——以同治年间的广东省广宁县为例》，《近代史研究》2006年第1期，页20－39。

④ 张光裕：《小谷山房杂记》，卷一"禀牍"，此书笔者至今未见，引文转引自王利器辑录：《元明清三代禁毁小说戏曲史料（增订本）》（上海：上海古籍出版社，1981），页202－204。

⑤ 《粤东纪事》，《申报》，1890年9月7日。

多住在黄沙、恩宁一带”[①]，恩宁路是今天八和会馆的所在，附近一带一直到20世纪80年代仍然住有不少戏班中人，可见这种清末形成的格局的延续性。

清末以来“西关”一直往西延伸跟商人购地建房大有关系。据上引曾昭璇研究，西关的宝华区一带自同治光绪年间已发展为高级住宅区，有街有市。至清末，泮塘、南岸附近一带的沼泽地，在此时越来越多被填为陆地，商人在其上发展房地产，很快便有人购买或租住，并且沿用乡村“约”的方式建立其街区组织。据《申报》报道，至1897年，“西关新建房屋以逢源众约为首屈一指，该街房屋无论大小一律整齐，大壮观瞻”。[②] 宣统《南海县志》谓：“太平门外率称西关，同光之间，绅富初辟新宝华坊等街，已极西关之西，其地距泮塘、南岸等乡尚隔数里。光绪中叶，绅富相率购地建屋，数十年来，甲第云连，鱼鳞节比，菱塘莲渚，悉作民居，直与泮塘等处，壤地相接，仅隔一水，生齿日增，可谓盛已。”[③] 广州笼统称为西关大屋的各式民宅，就是在这个时候开始陆续发展起来的。今天年届八十的老广州，谈起“贵族住的地方”，还有“河南岐兴里，河北宝华坊”的记忆。[④]

光绪年间西关地区发展的情况，宣统《南海县志》是有所反映的。首先是“墟市”的焦点已从同治《南海县志》详论的十三行，延伸到新兴的住宅地带，包括“宝华市（十五甫），逢源市（逢源街），多宝市（多宝大街）”。[⑤] 其次，配合新政措施在光绪二十八年（1902）设立的广东巡警总局，在老城和

---

① 《南海新秋》，《申报》，1896年9月9日。
② 《珠海近闻》，《申报》，1897年1月24日。
③ 宣统《南海县志》卷4，页20。
④ 2010年8月28日孔先生访谈。
⑤ 宣统《南海县志》卷4，页54。

新城分别只设两个分局（待核），在人口稠密、范围已越来越大的西关地区，则设了12个分局之多，兹表列如下：

表2　西关各警察分局地点

分局	分局地点
第一分局	景云里
第二分局	西禅寺
第三分局	浮邱寺
第四分局	允贤坊
第五分局	华林寺
第六分局	长寿寺
第七分局	第十甫庚网庵
第八分局	十三洋行会馆
第九分局	陈塘南
第十分局	大笪地同德大街
第十一分局	永庆街
第十二分局	宝源北街

因为巡警局须查户口，订门牌。对于各警区的街道数目和具体的街道乡里名称，有非常具体的掌握，兹据宣统《南海县志》表列各区街道和门牌的数目如下，以示当时街道之密集：

表3　宣统《南海县志》各区街道和门牌

区次	区所、分驻所、派出所所在	街道数目（条）	门牌数目（号）
西路第三区	西禅寺、西山寺、浮邱寺	544	11491
西路第四区	长寿寺、华林寺、允贤坊	494	12469
西路第五区	陈塘南、第十甫庚网庵、十三行	317	9237
西路第六区	永庆街、大笪地同德大街、宝源北街	357	7760

警区的设立和钉门牌的制度是宣统《南海县志》《舆地

略》“捕属”一节能够用数十页的篇幅详细列举几近两千条街道的原因。新城以南长堤一带，本来也是清末发展得相当蓬勃的地方，但县志说明：“长堤一带，近日纷纷建筑房铺，未编门牌，暂从缺。”① 可见，县志的编纂者也意识到新编县志未能反映最新的情况。

有趣的是，宣统《南海县志》的编纂者尽管在文字方面很注意按最新的情况更新，但在舆图方面却似乎有意的“停滞不前”。宣统《南海县志》采用的地图，绝大部分是沿用同治《南海县志》的。编纂就此做法解释说：

> 按本邑所属各图前为邹征君伯奇所绘，界线明晰，雠校精美，此次重修，未便再行更易，只将旧本摹印，间有村落地名讹误遗漏者，按照采访册订正之、添补之，并增入京师新旧会馆暨附属公产地段图、学官附设邑小学堂图、城西本邑中学堂图，及粤汉铁路干线图、三省铁路支线图，以昭完备。②

上述“粤汉铁路干线图”和“南海属三省铁路支线图”，均附有1:100 000比例尺和方向标，后者并附凡例。绘画者招贺慈，是广东陆军测绘学堂优等毕业优贡生，受过西方绘图训练。在其绘画的“南海属三省铁路支线图”中，沙面就标曰“沙面”，没有再标上“西宁、西炮台故址”。

然而，编纂就沿用旧图所作出的解释，谓“本邑所属各图前为邹征君伯奇所绘”，并不完全符合事实。据同治《南海县志》，在设局修志之初，的确是想延请本地著名学者邹伯奇负责绘画地图的。邹伯奇（1819—1869）是广东地位最高的学术

① 宣统《南海县志》卷6，页3－4。
② 宣统《南海县志》卷1，图序。

机构学海堂的学长，也是当时有数的数学家和天文学家，曾在郭嵩焘任广东巡抚期间被延请开局绘广东地图，积极购买“番字沿海之图”、“番字行海洋历”，以及其他所需绘图器具，但后来因“工料无资”而无法成事。[①] 大抵当时年事已高或体力不济，邹伯奇婉拒了南海志局的邀请，谓“绘地之法，较算天尤难，算天可安坐而推，绘地必举足亲历，我深明其法，而不能身任其劳”。于是他推荐了能够运用他的方法的几个本地文人，包括邹琎（监生）、罗照沧（监生）和孔继藩（生员）负责此事。邹、罗等人先造了一把配备指南针的“指南分率尺”，在1867年至1871年间，登山涉水，测绘量度，至图成之时，邹伯奇已去世，于是他们把有关方法详细记载在同治《南海县志》中，还附了该把“指南分率尺”的图样。[②] 在刊刻同治《南海县志》的同时，更鉴于“志书篇幅短狭，总图势不能详”，而将《南海县全图》的总图完整地刻印在一张约142cm×76cm的大纸上，表扬“邹特夫征君高弟子”邹罗二人之功。[③] 三十年后编纂的宣统《南海县志》，没有重印同治《南海县志》的相关说明和标尺，却只留下一个传说——说地图是邹伯奇所绘，明显是因为邹在广东的学术地位；明知西关情况已大不相同，却仍沿用旧图，为的也是要标榜地方上引以为傲的知识传统。

五、社会西关

至晚清新政时期，自上而下的立宪运动和与之配合的地方咨议会选举，促进了大批由商人赞助的社团在省城和珠三角较

---

① 见程美宝：《地域文化与国家认同：晚清以来“广东文化”观的形成》（北京：生活·读书·新知三联书店，2006），页180。

② 同治《续修南海县志》，卷2，页51－52。

③ 见广东省中山图书馆藏：《南海县全图》，1870。

大的城镇中出现；在广州，不少这类社团的地址就位于西关。1910年出版的《全粤社会实录初编》，记录了作者邓雨生所知的当时广东各种社团（时称“社会”，取 societies 之义）的概况。据此，可知位于西关地区的社团包括：

表4 《全粤社会实录初编》所见广东社团

社团名称	地址	成立年份
两粤广仁善堂	历次搬迁： 南关大巷口（1884）→西关新荳栏（1893）→靖海门外迎祥街（1895） 另设医局在长寿寺前	19世纪80年代
方便医院	西关第一津高岗	1894
崇正善堂	初在西关第九甫，后迁十一甫	1896
省港善堂商会行商平粜公所	西关十七甫爱育善堂内	1907
广东戒烟总会	西关华林寺内	1907
粤商自治会	西关华林寺内	1908
广东赈灾慈善会	长堤如意茶居中座，办卖物会赈灾筹款在西关逢源街尾	1908
中国改良会（性质类似红十字会）	西关华林寺	1908
庸常善社	南关增沙	1908
寿世善堂	南关	光绪初年
医学求益社	西关十二甫	1908
德育女学堂	西关宝源正街	1908

表4所列各机构的办公或聚会地点大多位于西关，就连《全粤社会实录初编》的寄售处，也一无例外地位于西关。①

① 寄售地点包括改良会账房（华林寺）、自治会账房（华林寺）、赤十字总会（黄沙）、国事报馆（十八甫）、广生印务局（十八甫）、新昌隆号（顺母桥），见邓雨生编辑：《全粤社会实录初编》，广州，宣统二年（1910），版权页。

省港善堂商会行商平粜公所临时借用的爱育善堂的情况，进一步揭示了这些房产和资金的来源。宣统《南海县志》曰："爱育善堂：在城西十七甫，同治十年（1871）邑中绅富钟觐平陈次壬等倡建，堂地为潘观察仕成故宅。时仕成以盐务案被封产业，钟觐平等与钟运司谦钧商榷，备价三万八千四百余两，承该屋业为建堂地。"[①]有些机构的所谓地址如华林寺，应该只是临时聚会的地点。

当绅商与官府合作时，这些慈善团体可"助长行政"，"而其人民所怀抱之目的，与政府所怀抱之目的，习焉同化"。[②] 然而，当彼此的利益相左时，这些团体便变脸成为与官府抗衡的"社会"。1905 年拒美禁华工新约暨禁用美货运动；1905 年至 1906 年的粤路风潮，广东绅商与地方官员在收回铁路后商办抑或官办的问题上发生分歧，由包括爱育在内的九大善堂和七十二行商会组织，集会和动员地点都主要在西关。[③] 在粤路风潮中跟两广总督岑春瑄对着干的绅士黎国廉被官府押捕之时，正在其西关兴贤坊的寓所睡觉。[④] 粤路风潮中的积极分子在筹办戒烟运动巡游时，会所设在华林寺。[⑤] 宣统二年（1910）南海县属城治议事会董事会成立，也是假华林寺为会所。[⑥] 这一系列由集中在西关地区的绅商机构发动的事件和积极的参政活动，是辛亥革命暴发时广东宣布"独立"的铺垫。有关晚清广东商人所发挥的政治力量与清末政治及社会发展的关系，

---

① 宣统《南海县志》，卷 6，页 10。

② 冯翼年：《全粤社会实录序》，收入邓雨生编辑《全粤社会实录初编》。

③ 见陈玉环：《论 1905 年至 1906 年的粤路风潮》，收广州市文化局、广州市文博会编：《羊城文物博物研究——广州文博工作四十年文选（一）》（广州：广东人民出版社，1993）；另见《申报》1905 年 6 月 18 日报道。

④ 《申报》1905 年 12 月 14 日报道。

⑤ 见《广东七十二行商报二十五周年纪念》，广州，出版年不详，约 20 世纪 20 年代末。

⑥ 宣统《南海县志》卷 2，页 78。

Edward Rhoads 和钱曾瑗（Michael Tsin）已有相当细致的研究。[①] 钱氏更是较早对《全粤社会实录初编》善加利用的研究者，本文就不在此问题上拾人牙慧，而只是突出西关地区因绅商云集而成为晚清政治动员中心的这个方面。

六、余论

民国肇始，广州的市政规划逐步走向现代化，“拆城墙，建马路”很快便被提上议程。1918 年 10 月，广州市政公所成立，结束了广州分属番禺、南海的历史。从 11 月起开始大规模的拆建工程。有研究者指出，在这个拆城墙建马路的过程中，赞成者为城内的人，反对者则是城外西关和长堤的业主，因为城外的地价一向比城内高数倍至十数倍，一旦拆城，城内地皮价格上升，势必影响到西关和南关的地价。[②] 1922 年，城墙基本全部拆清，城内城外连成一片。城墙拆毁后留下的空地，也形成了第一期新辟的马路的基础。[③] 笔者一时没有更多的资料去证明，拆墙建路之后是否形成城内外的地皮价格此起彼落之势。至少就 1928 年的情况而言，西关仍然是“本市最冲要之区，商场云集，交通频繁”，也有“亟应开辟马路”的需要。[④] 估计其商业地位在抗战前夕至少与城内逐渐发展出来的商业街区仍然是旗鼓相当的。

---

① Edward M. Rhoads, China's Republican Revolution: The Case of Kwangtung, 1895—1913 (Cambridge, MA: Harvard University Press, 1975); Michael Tsin, Governance, and Modernity in China: Canton 1900—1927 (Stanford: Stanford University Press, 1999).

② 见陈晶晶：《1910 至 30 年代广州市政建设》第 4 章，中山大学硕士学位论文，2000。

③ 见《广州市第一期新辟马路名称图》，制作年份不详，广东省中山图书馆藏。

④ 广州市市政厅：《广州市市政厅新年特刊》，广州，1929 年，页 45。

就长时段而言，商人不断“破墙而出”是一个官府不断建墙企图包围商业活动的过程的一体两面。自唐宋以来，以外国商人聚居的蕃坊为中心的广州城西，已形成一大片繁华的商业区，其后以这片商业区为基础修筑起来的“西城”，是宋代广州三城最大的一个；从南宋开始，广州的商业中心逐渐南移，在城南濠泮街一带形成了新的商业区，后来又被在明嘉靖四十四年（1565）筑建的“新城”包围。官方的诸多规定和限制，使经商者不断寻求突破，至明末清初，“新城”一带开始衰落，加速了西关的发展。[①] 西关发展速度之快和范围之广，已经不是官府可以建墙来框限。晚清的政治发展，更使西关一时成为绅商与官府抗衡的聚脚点。相反，到了民国时期，新兴的政治意识形态和城市发展理念，把帝国时期的城墙几乎完全拆毁，将城墙内外的商业区完全打通，原来城内的商业区域得以大肆发展。时至今日，原来位于城内的今天北京路的中心位置难以取代，原来位于城外的西关一带反而经过历次改造逐渐只剩下“上下九”被发展成“步行街”，许多横街小巷亦被冷落而显得大为失色；各色“西关大屋”也随着新的房地产发展而被拆毁无数。由行政力量主导的“破墙”，最终却筑起了一堵无形的墙，把旧的商业力量围困，将“西关”的内涵抽空。“西关”作为一个“概念”，在一代又一代的本地人心目中扎根，近年还成为许多广州政治和商业宣传的“元素”，只是这些“概念”和“元素”的物质基础，已成残砖败瓦，无复旧观。

① 关于自唐宋至明清间广州城的发展，参见刘志伟：《明清时期广州城市经济的特色》，《广州研究》，1986 年第 1 期，页 62－65。